Aprendiendo
a vivir libre

GABRIELA TORRES

Aprendiendo a vivir libre

O aprendiendo a no depender

*Un enfoque irreverente y efectivo que
redefine a la codependencia y
te lleva de la recuperación a la cura y
te enseña a elegir responsablemente
sobre tus relaciones afectivas.*

Para pedidos de copias adicionales de este libro, por favor contacte con:
Palibrio
1663 Liberty Drive
Suite 200
Bloomington, IN 47403
Llamadas desde los EE.UU. 877.407.5847
Llamadas internacionales +1.812.671.9757
Fax: +1.812.355.1576
ventas@palibrio.com
349636

Tabla de Contenidos

Agradecimientos

Si aún después de haber rescatado a tantos de tanto maltrato,
yo no podía rescatarme a mi misma...
¿Quién podría hacerlo?

Gracias por elegir tener este libro entre tus manos. Sé que para ti ha requerido mucho valor el adquirirlo y mucho más el leerlo, pero el verdadero valor será practicar lo que aquí encuentres.

Si reflexionas seriamente en cuáles son las causas que te motivaron a elegir la lectura de este libro, te aseguro que son las mismas que las mías al escribirlo. Soy una ferviente convencida de que uno enseña lo que necesita aprender, muestra a otros lo que necesita encontrar y escribe lo que necesita saber.

Este es un libro escrito desde esa que yo era a esta que hoy soy. Escrito no desde otros libros, sino desde mi propia experiencia personal más que profesional.

Mi agradecimiento profundo a mis mayores maestros y maestras: mis pacientes.

A mi maestro de amor incondicional e inteligente: Mi esposo Pablo.

A mis hijos Kim (Karime), Kiry (Gabby jr.) y LO (Luis Octavio), la luz de mi vida.

Introducción

*Hay dos tipos de educación, la que te enseña a ganarte la vida
y la que te enseña a vivir.*

- Anthony de Mello.

Tienes en tus manos un *poco ortodoxo acercamiento* al tratamiento de la dependencia afectiva. Un tratamiento que te otorgará el poder de cambiar tu relación con otros *pero sobre todo contigo mismo*. Un concepto revolucionario que elevará el coeficiente emocional de quien lo lea. Un manual práctico y efectivo que te acompañará en el difícil camino de los cambios *de-adentro-hacia-afuera* para modificar nuestra vida no sólo en lo emocional, sino de manera integral.

En sus páginas encontrarás conceptos confrontantes, poco ortodoxos y altamente provocativos –además de muy bien sustentados– para aprender a vivir libre de la dependencia y la codependencia afectiva. Pero no en un sentido metafórico u holístico. Te darás cuenta de que cerrar los ojos y "visualizar" no lo es todo, porque ponerlo claro en tu mente es apenas el primer paso de este camino y que poner las cosas sólo en tu cabeza no le cambia la vida a nadie porque para hacer los sueños realidad HAY QUE DESPERTAR y sembrar, cuidar, regar, desmalezar y comprometerse con lo que se desea cosechar. Y que no hay forma de hacer trampa. Hoy elijo compartir estos conceptos contigo porque después de conocer tantos charlatanes en el área de la felicidad y del éxito, todo lo que encontrarás aquí es lo que realmente ha cambiado mi vida y mi trabajo -y el de muchos- de una forma rápida y efectiva.

Un manual para vivir, encontrar el sentido de tu vida y aprender a amar inteligentemente. Amar con sentido.

Después de leer mucho sobre este tema, yo sabía que era necesario un libro que combinara conocimiento, empatía y sentido común para aquellos que *sufrimos cada vez que amamos* hasta que aprendemos a hacerlo diferente.

Este libro es un mapa y una brújula que te ayudarán a salir del laberinto emocional en el que te sientes perdido. Es un manual práctico de cómo encontrar EL MAPA CORRECTO y luego utilizar ese mapa de responsabilidad conjuntamente con una brújula de principios elementales -que si eliges pagar el precio también podrás aprender a usar- para encontrarte a ti mismo.

Antes de escribir este libro, he pasado muchos años de mi vida consultando los mapas de otros. Acompañando en el camino a otros. Encontrando mi propio camino al lado de otros. Gracias a ellos he retomado el rumbo algunas veces, y me he dedicado mucho tiempo a estudiar "cartografía emocional".

Quiero pensar que algunos de ustedes hoy puedan servirse de estos elementos, de estos mapas, y que seguramente otros van a llegar por diferentes caminos, porque es cierto que no sólo hay un camino, pero teniendo claro que no es lo mismo ir por el *buen camino* que ir por el *camino correcto* podrás salir del laberinto emocional como hace años lo hice yo misma.

Pero desafortunadamente, este libro no existía y yo no tuve una guía tan rápida, tan poco ortodoxa y tan efectiva. Yo sí tuve que estrellarme muchas veces y perderme muchas otras en ese laberinto hasta que empecé a llevar una bitácora fiel cada uno de mis tropiezos y esfuerzos infructuosos y también de los de otras personas que estaban en el mismo laberinto y *a aprender de ellos*, con lo que para cuando encontré la salida y me encontré a mí misma, era ya una buena cartógrafa emocional.

Espero elijas seguir las sugerencias de este libro, y seguro nos encontraremos en este camino.

Nota de GT: Todos los nombres que utilizaré en este libro, han sido modificados para resguardar la confidencialidad de mis pacientes y de personas cercanas a mí en la vida, aunque todas las historias son verídicas. Agradezco profundamente que al leer este libro, esas personas se encuentren a ellos mismos e interpreten que elegir utilizar sus historias para este libro es un reconocimiento a ellos y para todas sus elecciones. Mi más profundo agradecimiento para todos ellos.

Capítulo 1

EL INICIO DEL CAMINO

"Hay que continuar buscando y prestar atención: siempre vemos el camino que mejor nos conduce a nuestros sueños, pero sólo andamos por el camino al que ya estamos acostumbrados"

- Pablo Coelho

I magina que estás por emprender un viaje. Y que te encuentras a un buen amigo y le cuentas todos los detalles del mismo. Y que al terminar de expresar todo esto con gran emoción tu amigo te pregunta para qué y por qué quieres ir a ese lugar, y con qué recursos cuentas para ello. ¿Qué le contestarías?

Antes de emprender un viaje, lo más inteligente sería tener bien claro hacia dónde vamos y qué nos hace falta para llegar a ese lugar y *para permanecer en él por el tiempo que elijamos*. Y emprender el viaje con todos los recursos para llegar al destino exitosamente es imprescindible, así como tener claro el punto de llegada desde el inicio. Qué llevar para llegar y para pasarla bien en ese lugar representa *el equipaje*.

Pero primero que nada, sería importante tener en ese equipaje cosas diferentes a las que depositaron en la back–pack nuestros abuelos, o nuestros padres. Porque hoy, en pleno siglo XXI, tener una pareja no significa lo mismo que para ellos a principios o mediados del siglo XX. Cuando para ellos era "hasta que la muerte los separara" aunque la vida juntos fuese bastante indeseable. Cuando las mujeres lo aguantaban "todo por amor" o quizá sin amor, pero "era su cruz".

Hoy en día, las mujeres son intelectualmente mucho más preparadas que sus madres y abuelas, son productivas, graduadas y muchas veces son la parte económicamente fuerte en la familia. El mundo en cuestión de parejas ha cambiado, y el concepto de lo que es una pareja en consecuencia. Pero no se aplica eso en la realidad. Porque aunque las mujeres ahora han cambiado en tantos aspectos con respecto a sus madres o abuelas, un alto porcentaje siguen en espera del "príncipe azul" con el que van a vivir "felices para siempre". ¿Y no creen que después de tantos cambios desde entonces hasta ahora, no cambiar el concepto de la pareja resulte disfuncional e inadmisible?

Para muchos en la actualidad, el divorcio es un fracaso. Un error que nos lleva a ser etiquetados como "incapaces" por lo menos en el aspecto relaciones humanas. Porque por algo no nos siguen eligiendo, ¿o no?

Y yo pienso que esa también debe ser la meta terapéutica de este libro. Aprender a vivir libres de esas etiquetas. Aprender que cuando elegimos esposo(a) o pareja aún somos demasiado jóvenes para elegir por las causas correctas y que "hasta que la muerte nos separe" es una frase incompleta, pues en su forma completa (y correcta) debiera ser "hasta que la muerte *del amor que el día de hoy sentimos* nos separe".

Reconozcamos que hace un siglo el promedio de edad era de 50 años. Pero hoy rebasamos ese promedio al menos en un 50%. Así que vivir hasta los 75 compartiendo la vida con quien no amamos o no nos ama es bien difícil.

El libro que ahora tienes entre tus manos te ayudará a cambiar los paradigmas (las ideas y creencias que desde niños nos acompañan y a través de las cuales interpretamos la realidad) que si bien sirvieron para otras épocas no son funcionales en la actualidad. Para aprender que probablemente lo mejor sea tener en esa mochila que llevamos en la espalda la posibilidad de tener una primera pareja, para aprender de los errores cometidos con ésta y a partir de ahí elegir mejor a la segunda.

Sé que eso no es fácil, pero te aseguro que es más difícil aferrarte a una relación donde no hay amor –y quizá nunca lo hubo- y mantenerte ahí por el resto de tus días. Asumimos que cualquiera se enamora, pero no cualquiera permanece enamorado de la misma persona por años. Pero lo importante es aprender a asumirlo y seguir sin el otro (o la otra). El problema es que no sabemos cómo hacer esto.

Te aseguro que aprender a vivir libre, contigo mismo, aprender a estar contigo, se constituirá como uno de los aprendizajes más útiles de tu vida. No esperar por siempre que el sapo (hembra o macho) por fin se convierta en príncipe aunque pasen 10, 15 o más años. Aprender a vivir contigo. A considerarnos cada uno de nosotros como nuestra mejor compañía. Tener en esa mochila las respuestas a las tres preguntas existenciales básicas: ¿Quién soy? ¿Qué quiero? Y ¿cómo lo consigo? Es indispensable para ser aquel que deseo ser y contar con el capital emocional que garantice un muy satisfactorio viaje por la vida. Aquel que está en pareja porque *lo elige* así, y no *porque necesita* estar en pareja.

"*Aprendiendo a vivir libre*" antes que un libro ha sido un taller de inteligencia emocional para personas que se relacionan disfuncionalmente con otra. Trabajando en estos talleres terapéuticos me di cuenta de la enorme necesidad de un libro que permitiera a aquellos que no están cerca o no disponen del tiempo o los recursos para tomar una psicoterapia o terapia grupal recorrer el camino difícil nunca enseñado del duelo y la educación emocional con el mapa en la mano y herramientas para hacer la travesía de mejorar la relación con otro(a) o elegir terminarla y salir mejor librados y continuar con la vida.

Los siguientes capítulos te ayudarán a tener estos aspectos bien claros. Su lectura te permitirá reconocer emociones, modificar paradigmas, y elegir conscientemente para dejar esta etapa tan difícil atrás y estructurar un nuevo proyecto de vida aprendiendo de ella y encontrando la ganancia de cada una de tus pérdidas. Entendiendo el "para qué" de cada una.

El verdadero "inicio" del camino
¿por qué aprender a Vivir libres?

Nadie es tan esclavo como quien se cree libre sin serlo.

- Johann W. Goethe

Porque cuando sufrimos por amar, necesitamos aprender a vivir libres.

Porque cuando nuestra vida se centra en el otro, necesitamos aprender a vivir libres.

Porque cuando dejamos de depender de una relación para pasar a depender de un grupo de 12 pasos, o de un psicoterapeuta, necesitamos aprender a vivir libres.

Porque cuando buscamos ayuda sólo buscamos cómo aprender a ayudar a otros, necesitamos aprender a vivir libres.

Porque cuando nos negamos a ver lo evidente y aceptamos lo inaceptable, necesitamos aprender a vivir libres.

Porque cuando dejamos de vernos a nosotros mismos y pretendemos que el otro nos diga cómo somos necesitamos aprender a vivir libres.

Porque muchos creemos que estamos así y no podremos sobrevivir si dejamos a esa pareja. Vivimos creyendo que estamos "atrapados" y no podremos dejar de estarlo (o al menos no sin perecer en el intento). ¿Pero por qué?

Porque necesitamos aprender a vivir de una forma diferente. Necesitamos aprender a vivir libres.

Si das pescado a un hombre hambriento,
le nutres una jornada.
Si le enseñas a pescar, le nutrirás toda la vida.

- Lao-Tsé

¿Y por qué, si hemos aprendido tantas cosas a lo largo de años, no hemos aprendido a amar educadamente desde niños?

Tener hijos no lo convierte a uno padre,
del mismo modo en que tener un piano
no lo vuelve a uno en pianista.

- Michael Levine

Básicamente, debido a que nuestros padres, abuelos, y los padres y abuelos de nuestros amigos, primos y conocidos o cualquiera de las combinaciones que surjan de esto no han aprendido a hacerlo y *creemos que si no lo hacen, es porque no se puede.* Porque hemos creído que nuestra forma de relacionarnos con el mundo es la normal. Y es así.

Pero como digo en mis talleres, cursos y conferencias: Lo normal no es lo sano, sino lo que más existe o es más frecuente en una población determinada; así como lo anormal no es lo enfermo, sino lo que es muy infrecuentemente en una población determinada. Pero nuevamente nos hemos equivocado, pues esto no es una cuestión de estadística, sino de elecciones. De elecciones porque nosotros podríamos elegir aprender a relacionarnos de una manera más efectiva con el mundo y no lo hacemos.

Este libro es fruto de años de investigación como profesional de la salud mental y emocional atendiendo a personas que se relacionan mal con ellas mismas y con el mundo. Una labor que me ha hecho muy consciente de que expandir ese pequeño espacio "entre el estímulo y la respuesta" es la base de una vida feliz. Y que el tamaño de ese espacio es responsabilidad exclusiva de qué tan grande o pequeño lo desee su dueño.

Aprender, es cambiar de actitud ante el mismo estímulo. Y *vivir es elegir*, pues cada segundo de nuestra vida elegimos. O dejamos que otro elija por nosotros, y eso es también una elección. Y *ser responsable, es ser libre,* por ello es muy importante aprender a vivir libre. Hacernos conscientes de que somos lo que son nuestras elecciones, y que el tamaño del espacio interior entre el estímulo y la respuesta que emitimos es nuestra elección también. Porque poco a poco, cuando hacemos que ese espacio crezca, nosotros y los que se relacionan con nosotros crecemos también.

Acéptalo: Si para ti también amar es sinónimo de sufrir, necesitas aprender a vivir libre y este libro tiene un por qué. Por ti.

El verdadero inicio de aprender a vivir libre es cuando nos damos cuenta de que la relación está peor de lo que hemos creído durante mucho tiempo, cuando la negación se termina. Quizá mucho después de que el cuento de hadas termina. Cuando el verdadero duelo por ese ser que hemos sido comienza. Cuando a ese duelo se une el duelo evadido de todas nuestras relaciones de pareja pasadas. Y es por eso que el dolor es tan intenso. Pero es ese precisamente el primer paso para aprender a vivir libre.

Puedo decir que este periodo dura entre 6 meses y dos años. Aunque cada uno avanza en el camino a su propio ritmo y de acuerdo las herramientas emocionales con las que cuenta. Lo más recomendable para andar por esta primera parte del camino para quien esto escribe es utilizar la sabiduría de la tortuga: "caminar sin prisa, pero sin pausa".

Pero como siempre digo en mis conferencias, toda pérdida es un cambio y pasar del terreno de lo que "era" a lo que "es" requiere un duelo. Y tener una relación disfuncional que lleve a la pérdida de la relación implica como todo duelo, mucho dolor. Porque todos los duelos duelen. Y el duelo por una pareja duele mucho más que otros duelos en la vida.

Pero ¿por qué hablar de duelo en un libro para aprender a vivir libre? Pues porque si eres esclavo de tus duelos no vividos no podrás vivir libre. Todo cambio requiere un duelo, y nadie o casi nadie sabemos cómo afrontar los cambios pues casi siempre las rupturas de pareja nos toman por sorpresa debido a la negación que aplicamos como mecanismo defensivo desde tiempo antes, cuando las cosas empiezan a ir mal y fingimos que nada pasa. Y cuando el rompimiento es inevitable, nos sume en un profundo dolor del que parece que no saldremos nunca. Y aunque la palabra duelo es regularmente asociada a una muerte física es importante aclarar que también cuando la pérdida es emocional también debe (o debería) hacerse un duelo. Sólo que no lo hacemos. Y la pérdida no consiste sólo en la relación con la pareja, son muchas más. La casa, las amistades, dinero, relaciones familiares, los recuerdos y el proyecto de vida sólo por nombrar algunas. Y sería bueno empezar el camino reconociendo todas estas pérdidas. Reconociendo todo el desequilibrio que esto nos genera. Y muchas veces, estas pérdidas también se refieren a la pérdida de la identidad propia. De la autoestima, del autoconcepto.

Porque después de terminar con una relación amorosa muchos nos sentimos realmente perdidos. Sin saber quiénes somos. Y es aquí cuando debemos empezar el camino.

Entender que debemos empezar a dejar de ser "la novia de" o "la pareja de" o "el esposo de". Y queremos dejar de sentirnos así, agotados, insomnes, con ganas de hablarle y pedirle que regrese y al mismo tiempo no desear verle nunca más, perdemos el apetito, tenemos falta de concentración, o comemos mucho, siempre estamos tristes, enojados, inconexos con nosotros mismos, sin hambre o con mucha hambre, sin poder dormir o siempre con sueño, como perdidos. Y todo esto es el duelo del cuerpo. Sí. Nuestro cuerpo sabio que nos indica el camino a seguir y a quien no escuchamos, sumidos en nuestra negación y profundo dolor. Y nuestro cerebro intentando defenderse a veces hasta nos lleva a pensar que estamos perdiendo también la cordura... sí. Nos embarga el dolor. Este es el inicio del camino. Reconocer y admitir esto podría ayudarte a salir de esta primera etapa del camino. Crisis. Que pueden ayudarte a crecer.

Pareciera que el dolor de reconocer que hemos evadido el dolor del rompimiento de todas nuestras relaciones pasadas nos rebasa. Que tenemos *dolor guardado desde la infancia que no hemos procesado.* Desde esos patrones disfuncionales que heredamos de nuestros padres. Porque sí. Se acabó. Puede ser que aún no de manera definitiva pero se acabó. Al menos esta etapa de la relación con él o con ella está acabada. Están distanciados, quizá pensando en el divorcio, viviendo a solas cada uno por su parte. Y nos damos cuenta con mucho miedo, que sin él o ella, no sabemos quiénes somos.

No nos reconocemos. Nuestros amigos tampoco. La sensación de no entender qué pasó, qué ocurrió, que errores cometiste para que la relación terminara, la culpa, y la incapacidad de salir de tu desconcierto y negación genera una gran desorganización de tu identidad, un gran desconocimiento de ti mismo. Te preguntas quién eres, crees que vales poco pues si valieras más él o ella no te habrían "votado menor" (así me refiero en mis talleres de inteligencia emocional cuando el otro(a) no te elige más) por qué permitiste o no tal o cual cosa, por qué no te diste cuenta, por qué dejaste de decir o de hacer esto o el otro. La incertidumbre se apodera de ti y te resta autoestima. Atrapado entre la culpa, la confusión y el rechazo.

Si tú eres quien "votó menor" o sea quien decidió terminar con la relación, es altamente probable que hayas estado pensando en "mostrar tu voto" o sea decirle al otro(a) que ya no deseabas seguir hace tiempo... intentando tener el valor para plantear la propuesta, pues sabías que ibas a generar dolor y ganar la desaprobación de tu círculo familiar y social. Seguramente "dar el paso a la izquierda" o sea dejar la relación, la casa y todo lo demás te ha llenado de dolor y de culpa además. Esa sensación de "estar mal" de ser "el malo o la mala". Quizá sea una voz que nos dice que no estamos actuando de acuerdo a lo que nos han enseñado. Y esto genera culpa. Y este sentimiento funciona bien cuando funciona para ayudarte a resolver problemas, a hacer lo correcto para ti y para los demás. Y es así como estás actuando, porque si ya no amas a tu pareja, lo correcto es mostrar tu voto menor, notificando al otro(a) que ya no te alcanza para continuar en la relación y en seguida dar paso a la izquierda, es decir, terminar la relación o transformarla si tienen hijos en común. Pasar de pareja conyugal, la que comparte la cama y la casa, a pareja parental, que comparte hijos pero nada más. Y deberás aceptar que aunque el rompimiento te genera culpa, es una culpa disfuncional pues sólo añade sufrimiento a lo mucho que has sufrido por estar en una relación que ya no deseas hace tiempo. La decisión de separarte o dar término a la relación puede confrontarte a ti mismo con tus paradigmas más profundos y escuchados desde niño: "El verdadero amor es para siempre", "si realmente amas a tu pareja y a tus hijos no les haces eso", "los hijos sufren mucho con el divorcio y nunca se recuperarán". Pero si ese es tu caso, es hora de meter paradigmas nuevos al equipaje que ocuparás en este viaje y sé honesto al preguntarte a ti mismo si te gustaría que uno de tus hijos se quedara en una relación como la que tú tienes ahora a pesar de que sea profundamente infeliz. Encontrarás la respuesta que necesitas. Este tipo de cuestionamientos te hará basarte en principios siempre. Y quien se basa en principios, hace lo correcto y no sólo lo que "está bien". Quedarse en una relación por lo que las normas sociales nos imponen está bien, pero no quedarse al lado de quien no amas más o nunca has amado es lo correcto.

Y debo aclarar que aún y estés actuando basándote en principios éticos y morales, la culpa es parte del inicio de este camino. Otro ingrediente es el enojo. Porque quizá por un gran periodo anterior te sentiste humillado, rechazado o no valorado por tu pareja y eso causa mucho enojo. Un enojo que quizá nunca reconociste pero que ahora sientes y que te provoca mucho resentimiento.

Pero es justo en este punto del camino donde te das cuenta que tienes dos opciones: Volver a evadir y buscar *a-costa-de-lo-que-sea* iniciar una nueva relación desperdiciando nuevamente la oportunidad de hacer duelo y aprender a encontrar la ganancia de esta nueva pérdida o bien usarlo como motivación para conocerte a ti mismo(a), qué quieres y cómo pagar los precios para conseguirlo.

Pero como siempre digo en mis talleres: Tú eres lo que son tus elecciones. Y al leer este libro ya estás eligiendo lo correcto.

Capítulo 2

¿QUIÉN SOY? ¿QUÉ QUIERO? ¿CÓMO CONSEGUIRLO?

¿Quién Eres?

¿Qué quieres?

¿Cómo conseguirlo?

C omenzaremos dando algunos ejemplos del problema que nos une a todos, la dependencia afectiva o emocional. Luego sugeriré una solución basada en principios.

> *No es libre quien no haya obtenido dominio sobre sí mismo.*
>
> *- Demófilo*

Antes de empezar, quisiera aclarar que no es lo mismo dependencia que codependencia. Y considero conveniente aclararlo porque muchas personas se refieren a ambos términos como sinónimos. Nada más lejos de la verdad.

Codependencia vs. dependencia

La codependencia NO es el grado superlativo de la dependencia emocional y como algunos autores afirman.

Si bien el adicto es dependiente (porque depende) a algún tipo de sustancia, el co-dependiente es adicto al adicto, o co-adicto. El co-dependiente depende de las emociones de otros, de controlar a otros, manipula al otro como una forma de conseguir lo que "cree" necesitar, se pierde de él mismo a través de otros, con frecuencia su convicción es: "si tú estás bien yo también, si tú estás mal, yo estoy mal" (y quizá peor).

Más adelante profundizaré en la manera de cómo surge la codependencia, cuáles son sus características, así como las posibles soluciones, pero por ahora quiero determinar que no considero el término codependencia como sinónimo de dependencia, ya que considero a la primera como una forma de relación con un adicto (donde un adicto depende de una sustancia, actividad o persona y uno depende de ese individuo) y ambos dependen, -aunque no sea mutuamente- de algo, mientras que la dependencia es toda relación disfuncional, con cualquier persona y no necesariamente esta persona es la pareja. La dependencia es una forma "poco educada" de relacionarse pues se desconocen otras formas, aunque la persona con la nos relacionamos no sea adicto a ninguna sustancia, actividad o persona.

Esto es importante porque permite más posibilidades en una persona de darse cuenta del modo de relación que tiene con otras personas y de esta manera también lo posibilita para elegir educarse en el sentido emocional y cambiar su forma de relacionarse.

Por lo tanto, en este libro utilizaré el término "dependencia" en vez de "codependencia" para referirme a esta forma de relación destructiva. Y para la dependencia, que no es lo mismo que "adicción" existe una solución.

¿Quién soy? El origen

Antes de que continúes con la lectura de este libro, voy a pedirte que acerques una hoja en blanco preferentemente tamaño carta, y un lápiz con punta. ¿Listos?

Bien. Ahora dibuja un árbol. Un gran árbol en esa hoja a lápiz. Guarda tu hoja hasta que llegues al capítulo 3 de este libro. Te ayudará a obtener información valiosa sobre ti. Gracias. Confía en mí.

Ahora quiero corroborar que tengas en tus manos el libro correcto. Puedes contestarte a ti mismo(a) sin titubeos a la pregunta ¿quién soy?

Si no puedes, tienes en tus manos el libro correcto. Sigue leyendo por favor.

Me he percatado a través de mi práctica clínica y psicoterapéutica que las personas que desarrollan algún tipo de dependencia tienen un denominador en común: un sistema familiar con conductas mal adaptativas como una manera de protección.

Estos son algunos de los denominadores comunes que predisponen a desarrollar una personalidad dependiente. Dentro de estas actitudes mal adaptativas están:

La sobreprotección la cual crea una falsa responsabilidad por la seguridad de los demás, llevando así a la persona sobreprotectora a realizar acciones por otros como mentir, negar, proveer aun cuando no se tenga la edad para esto.

La necesidad de control y el ejercicio de la manipulación porque controlar a otros crea la falsa ilusión de que puedo lograr cambios en la persona de mi interés, las personas controladoras ejercen control y por tanto manipulan de diferentes maneras a otros como puede ser a través del silencio, corrigiendo, compitiendo, retando, etc.

La necesidad de "rescatar" es decir, la necesidad de resolver problemas a los demás, aun cuando las personas no tengan nada que ver con las circunstancias o el problema en sí.

La pérdida de contacto con uno mismo y es aquí donde se renuncia a las propias necesidades, y no se distingue hasta dónde y hasta cuándo le corresponde a la persona actuar con otro. Son las personas que dicen sí a todo y no pueden decir no, o aquellas que hacen cosas muy a pesar de su necesidad o deseo.

Baja autoestima ya que por temor al rechazo o al abandono, el individuo está dispuesto a hacer o dejar de hacer cosas para agradar a otros o que no le abandonen.

No hay reglas definidas en la familia y no ponen límites y permiten en sus vidas gente intrusiva que les invada, "aguantan" todo aunque el precio sea elevado.

- *Principios y valores inexistentes*
- *Secretos y mala comunicación*
- *Algún miembro de la familia adicto*
- *Abandono físico o emocional de alguno de los padres*
- *Divorcio*
- *Abuso físico, psicológico o sexual en la infancia*

Como puede observarse, el origen no es sólo uno.

Sería justo considerar al sistema familiar como un sistema integrado por varias poleas de diferentes tamaños, todos circundados por una banda, en el cual si uno de los miembros (polea) comienza a responsabilizarse de su forma de actuar, (a modificar su diámetro) es muy probable que se genere un cambio real y genuino en la dinámica familiar, es decir en la forma en la que la banda gira.

Cierto que nadie puede hacer que el otro cambie, sin embargo si uno de los miembros de la familia cambia, la dinámica de la relación familiar cambia.

Finalmente la persona que se ha instruído a nivel emocional tiene un mapa que indica: Yo soy responsable de mis pensamientos, mis sentimientos y mis acciones; mientras que la persona no educada emocionalmente tiene un mapa bien diferente. En él se lee claramente: Soy responsable de tus pensamientos, de tus sentimientos y de tus acciones, y tú (el otro) eres responsable de mis pensamientos, de mis sentimientos y de mis acciones. Y como podemos suponer, el mapa incorrecto, nos conduce siempre al lugar incorrecto. Por eso es tan importante tener el mapa correcto en el equipaje.

Pero, ¿por qué nos relacionamos así?

No hay un ser tan dependiente como el ser humano. Somos la especie más dependiente y vulnerable de toda la creación.

La naturaleza tan sabia, sabía que si no dotaba al género humano con una gran necesidad de ayudar a otros no sobreviviríamos. Para quienes somos madres, no es nuevo el darnos cuenta de que no es fácil renunciar a ejercer brillantes carreras profesionales a cambio de limpiar mocos y hacer papillas para bebés berrinchudos y llorones. La naturaleza ha dotado a las hembras (y a algunos machos) de nuestra especie de un impulso que incluso nos lleva a pasar por nosotras mismas por ayudar al desvalido, a quien nos necesita, a "nuestros bebés".

Pero es justo este mecanismo *filogenéticamente compensatorio* por el cual el problema empieza un poco después. Cuando nuestras madres o padres no pueden llevarnos a esa dependencia extrema a la etapa de depender de nosotros mismos. No son capaces de enseñarnos a autodepender (término utilizado por primera vez por el maestro Jorge Bucay en su extraordinario libro "El camino de la autodependencia").

¿Por qué?

Simplemente porque nuestros padres no saben cómo autodepender. Porque la gente sólo puede dar lo que tiene, y nuestros padres tampoco fueron enseñados por nuestros abuelos. Y a los padres de esta generación esto nos preocupa mucho.

Pero, ¿Cómo enseñar a nuestros hijos lo que nosotros no sabemos?

Saber no es hacer

El principio de la educación es predicar con el ejemplo.

- Turgot

Los padres no pueden enseñarnos lo que no han aprendido, y aunque hoy exista mucha información al respecto en tantos libros de psicología, puericultura y autoayuda, como digo en mis talleres terapéuticos, *saber, no es hacer.*

Y no muy lejos de esto, los hijos aprendemos el 10% de lo que DICEN y el 90% de LO QUE HACEN nuestros padres.

Así que en muchas ocasiones, aunque los padres hayamos leído y nos hayamos instruido mucho en cualquier tema, si no hacemos, pues aunque sepamos.

Si a esto agregamos que las influencias sociales y los recursos tecnológicos (aunque sea paradójico) incrementan enormemente los obstáculos de comunicación y contacto REAL con nuestros hijos y que lo que nosotros aprendimos de nuestros padres (excepto valores basados en principios) pareciera que todo lo que sabemos es obsoleto para nuestros hijos el día de hoy nos encontramos con la respuesta de que quizá no hemos caminado con el mapa correcto y que aunque un pequeño porcentaje de nosotros sí lo hayamos tenido, sabemos, pero no hacemos.

En la actualidad, si los padres queremos hijos con el equipaje, el mapa correcto y la brújula en la mano, es necesario admitir humildemente que aún con todo lo que sabemos, no ha sido suficiente pues el mejor sermón es un buen ejemplo y tenemos la obligación de facultarnos y aprender algunos hasta los 30, y otros menos afortunados como yo, hasta cerca de los 40 años lo que nuestros padres no pudieron enseñarnos para empezar a hacer y transmitir este ejemplo "haciendo" a nuestro hijos.

Porque el mejor sermón, insisto; siempre será un buen ejemplo.

Pero ¿por qué educarnos o "facultarnos" emocionalmente?

En la edad media, no existía la educación formal. La educación, que básicamente consistía en leer y escribir, estaba destinada prácticamente a los monjes. Los únicos instruidos, educados o "facultados" en la sociedad medioeval eran éstos últimos.

Y eran sólo los "chicos problema" es decir los hijos *rebeldes* de la sociedad medieval los que eran "recluidos" y "entregados" a los monjes y que vivían con ellos dentro de estos conventos y de esta forma, eran instruidos y educados. Paradójicamente. *Sólo los que eran considerados chicos rebeldes eran educados intelectualmente. Sólo ellos leían y escribían, conocían la historia y las ciencias. Esos jóvenes elevaban su coeficiente intelectual gracias a su rebeldía.*

Pero por fortuna en nuestra época ya todos los chicos –sean rebeldes o no- son instruidos intelectualmente. Todos leen, escriben, conocen historia y ciencias desde bien pequeños. Esto gracias a que desde el Medievo las personas sensibles empezaron a darse cuenta de la gran ventaja que era para cualquier persona educarse académicamente.

Sin embargo, hasta el día de hoy, ya en la primera década del siglo XXI, sólo los *"chicos problema"* son llevados al psicólogo. Jóvenes que dan "problemas" en la escuela y en su casa "inadaptados" y con trastornos de atención y varios diagnósticos más. Algunos ya hasta medicados. Y gracias a esto, son conducidos a un consultorio psicoterapéutico. Y gracias a esto nuevamente, al igual que los chicos rebeldes de la edad media, sólo ellos, se facultan pero no a nivel intelectual, sino emocionalmente. *Y estos jóvenes contemporáneos elevan su coeficiente emocional gracias a su rebeldía.* Y en los casos más afortunados, sus padres también. Debido a que tienen hijos maestros, esos padres facultan emocionalmente.

Y así como para todos elevar el coeficiente intelectual o mental hoy es imprescindible pero no lo era para las personas del Medievo, HOY elevar el coeficiente emocional quizá no parezca ni siquiera necesario por aquellos que desconozcan sus beneficios, pero son muchos y bien conocidos para quienes hoy son "letrados emocionales" pues la calidad de su vida en general se eleva de manera significativa.

Pero ¿cuál es el origen de nuestra dependencia a cosas, a actividades, a sustancias y a personas?

Esa precisamente. La ignorancia. La ignorancia emocional de nuestros padres, abuelos y bisabuelos. Esa y no otra, ahí radica el origen de nuestra propia ignorancia emocional y no de otro lugar. He aquí el origen y nuestro punto de partida en el viaje que ahora comienza.

Para que nunca te identifiques con las siguientes frases y nunca contestes afirmativamente (como lo hacen las personas no instruidas o educadas emocionalmente) a estas preguntas:

- Siento que no me ama como yo a él (ella)...
- Es que él (ella) me ama, sólo que no sabe cómo hacérmelo sentir.
- Es que si lo (la) dejo, ¡realmente me siento peor!
- ¿Crees y sientes que eres responsable por otras personas; por sus sentimientos, pensamientos, acciones, decisiones, deseos, necesidades, bienestar o malestar, incluso por lo que les ocurra en el futuro?
- ¿Te sientes instintivamente impulsado a ayudar a otras personas a resolver sus problemas, aun cuando ellos no te hayan pedido ayuda?
- ¿Te encuentras a ti mismo diciendo sí, cuando en realidad querías decir no, haciendo cosas que realmente no deseas hacer,

haciendo más que lo que se consideraría una repartición justa del trabajo, o haciendo cosas para otras personas que ellos pueden hacer por ellos mismos y entonces sintiéndote resentido y victimizado?

- ¿Te sientes aburrido, vacío y sin valor, si no existe una crisis en tu vida, un problema que resolver, o alguien a quien ayudar?
- ¿Crees que alguien es responsable de cuidarte y de hacerte feliz?
- ¿Te sientes culpable por lo que piensas y/o sientes y lo niegas?
- ¿Te preocupas por una persona hasta el punto donde pierdes sueño y no puedes relajarte y disfrutar de tu vida?
- ¿Piensas acerca de otra persona y sus problemas más de tres veces al día?
- ¿Estás tan preocupado por alguien que te has deprimido y/o enfermado físicamente?
- ¿Crees que no puedes ser feliz hasta que otra persona - padre, hijo, amigo, amante o pareja - cambie su conducta?
- ¿Estás esperando que otra persona cambie para poder ser feliz?
- ¿Dejas o modificas tu rutina abruptamente y dejas de vivir tu vida, porque estás muy molesto con alguien?
- ¿Tratas de controlar los eventos y a las personas, a través de retirarles el afecto, producir en ellos sentimientos de culpa, amenazar, dar consejos no solicitados, ejercer manipulación, o dominación?
- ¿Te sientes confundido, desamparado, algunas veces piensas que te volverás loco, a causa de la forma que te has involucrado en la vida de otra persona?
- ¿Permites a alguien que abuse de ti física o emocionalmente?
- ¿Sientes que tienes que ponerse furioso y gritar para que te escuchen?

- ¿Buscas la aprobación de otras personas?
- ¿Tratas de probar que eres suficientemente bueno para otras personas, pero te olvidas de preguntarte si esas personas son suficientemente buenas para ti?
- ¿Te sientes atrapado en las relaciones en algunas ocasiones?
- ¿Culpas a otras personas de las circunstancias de tu vida?
- ¿Usualmente no dices lo que sientes?
- ¿Pides lo que necesitas de manera indirecta o muchas veces no hablas de eso para no molestar a los otros?
- ¿Estás tolerando conductas que has dicho que nunca tolerarías?
- ¿Alguien te ha herido tan profundamente que has estado pensando en hacer cosas para castigar y vengarte de esa persona?
- ¿Está la ira de alguien controlando tus acciones? Por ejemplo, ¿inviertes mucho tiempo y energía pensando y escogiendo la conducta que será la que menos provocará la ira de esa persona?
- ¿Tienes sexo con alguien aunque no lo quieras tener?
- ¿Te sientes estancado, atrapado y desesperanzado, pero te dices a ti mismo que tu problema no es tan serio como para necesitar ayuda?
- ¿Ha hecho el problema de otra persona que tú te separes y te alejes de las cosas, acciones o las personas que disfrutas?
- ¿Has pensado en el suicidio o has deseado la muerte como un escape a una relación intolerable?

Si respondiste a más de 5 o más preguntas positivamente, este libro puede ser de mucha ayuda para ti. ¡Sigue leyendo por favor!

Empezar por el principio ¿Por qué somos dependientes?

Cuando comienza nuestra vida tenemos una dependencia absoluta de las personas que están a nuestro cuidado. Dependemos de todo lo más indispensable para sobrevivir; estas personas nos dan alimento, calor, aseo, atención, cuidado, confort... todo lo que necesitamos está dependiendo de la voluntad de otro para conseguirlo o no.

Cuando vamos dándonos cuenta de que la sobrevivencia depende a veces de una sola persona que se llama "mamá", entonces comenzamos a sentirnos protegidos cuando ella está cerca y desprotegidos cuando ella se va. Esto continúa por largo tiempo.

Si tenemos hambre, sueño, sed, incomodidad, etc. basta llorar, en la normalidad de los casos, para que mamá venga y nos resuelva el problema, proporcionándonos alimento, calor, etc. Nuestro entendimiento de bebé, ahora sabe que esta persona es importante y que hay que tenerla feliz, para eso hay que tratar de tener su aprobación.

Por lo general, es esta misma persona que nos corrige y nos enseña lo que se hace y lo que no se hace y nos muestra un gesto desaprobatorio cuando nuestra conducta es indeseable. En esta forma vamos aprendiendo, por medio de esa dependencia de sobrevivencia a tratar de complacer a esa persona y darle gusto en cuanto a sus señales, miradas, gestos, etc. Todo esto se lleva a cabo a lo largo de años, durante la primera infancia.

Entonces, ¿qué sucede cuando crecemos que todavía necesitamos aprobación como cuando éramos niños?

Nuestra mente crece con esa programación de que tiene que complacer para sobrevivir y que somos totalmente indefensos y nuestro bienestar depende totalmente de otra persona. Esto es un hecho y una verdad para nuestro niño interno. A la larga esta misma conducta se generaliza y creamos la creencia de que necesitamos de otro para sobrevivir, ya no solo de mamá, sino de otras personas; en el fondo creemos que si nos dejan moriremos.... ¿suena conocido?

Numerosas creaciones se basan en esta creencia: canciones populares, poesía, novelas, películas, etc. Y reafirmamos en esta forma cultural de "te necesito" para sobrevivir.

Se consolida en nosotros la búsqueda de aprobación, de la infancia, cuando necesitamos de otra persona para sobrevivir y cuando crecemos nos volvemos dependientes en sentido negativo, porque sin darnos cuenta ya no necesitamos eso y seguimos buscándolo. Esto es un patrón disfuncional. Seguimos actuando como niños y queriendo que otro nos dé lo que necesitamos....

La madurez y el crecimiento consisten en eso mismo, entre otras cosas, en poder autoafirmarse a sí mismo y conseguir lo que es necesario para sí, sin depender de otra persona externa. De aprender a autodepender y de ahí pasar a interdepender.

En las relaciones de pareja es común que pidamos al otro que se haga cargo de nuestros deseos y necesidades, a veces enojándonos, controlándolo o manipulando para que nos dé lo que queremos o incluso, que nos quiera de la forma en que queremos ser queridos. A fin de crecer es importante que comencemos a tomarnos nuestra responsabilidad por nuestra cuenta y conseguir para nosotros la satisfacción de nuestras necesidades y deseos. El otro tiene responsabilidad de sí mismo, mas no de mí.

La función de la pareja, en esta forma, sería de acompañar y de compartir. La pareja no se trata de ser dos medias naranjas, sino dos naranjas completas aportando sus propias características a la relación para crecer en compañía del otro. La relación no será "por necesidad", sino por elección constante y renovable de estar con el otro en plena decisión, día a día. Esa es la meta de este libro. Es el destino. Aprender a vivir libre de dependencia. Elegir.

Porque quien depende, no elige.

El problema es que nuestra baja autoestima altera nuestro auoconcepto y favorece un amor que no es amor. Un amor que nos muestra que la dependencia es la única salida. Si me necesita, no me dejará. Y esa idea surge desde nuestra infancia. Por eso aguantamos de todo en nombre del amor.

Porque aquellos que dependen se adaptan rápidamente a figuras que les inspiran una falsa sensación de seguridad.

Cómo empezar a convertirnos en lo que elegimos ser

El arte de vivir es aprender a convertirnos en lo que somos.

Si alguna vez has pensado o sentido que realmente *NO PUEDES* dejar una relación que te hace sufrir, no te asustes, no eres el único que lo ha pensado. *Yo misma lo he sentido también. Y durante años.*

Además, he sido testigo de esta escena muchas veces y con diferentes personas:

Una tarde entre semana entre las 16 y las 19 horas. Mi asistente me anuncia la llegada de mi próximo paciente. Entran a mi consultorio una madre joven (38-40) y su hija adolescente.

Unos minutos después de que la madre ha empezado a explicarme el motivo de su visita la chica rompe en llanto:

-*"¡Te he dicho que no puedo dejarlo mamá! ¡No puedo! ¡Lo amo!"*

A lo que la madre interrumpe levantando el suéter de su hija y dejando visible ante mí un moretón de no pocos centímetros de diámetro en el antebrazo izquierdo de su hija.

-*"¡Dice que no puede dejarlo! ¡Y ni yo la golpeo! ¡Y dice que lo ama! ¡Y mire Ud. esto!"*

Señalando hacia el hematoma.

Entonces yo volteo comprensivamente mis ojos a la desconcertada mamá y esbozo levemente:

- *"Señora, créale. Por favor créale. No puede."*

Y entonces dirijo mi mirada compasiva (y empática) a esa jovencita y le pregunté:

- *"¿Qué es para ti el amor? ¿Qué significa amar para ti?"*

No se escuchó una sola palabra. En mi consultorio reinó un absoluto silencio mientras esa niña estaba en un grave aprieto tratando de contestar algo que parecía tan obvio para ella.

Si alguna vez has conocido a una persona que ame como esta jovencita, sería bueno que le preguntaras 2 cosas: "¿Qué es para ti el amor? ¿Qué significa amar para ti?"

Cuando no se ama demasiado, no se ama lo suficiente.

- Blaise Pascal

Nuestro paradigma del amor

Las cadenas que más nos oprimen son las que menos pesan.

- Robert Browning

Etimológicamente, la palabra "Paradigma" es *para*=junto y *deigma*=modelo, ejemplo, mapa. Significa modelo o patrón, y en el campo de la psicología paradigma se refiere a toda idea, pensamiento, o creencia incorporada generalmente durante nuestra primera etapa de vida que se acepta como verdadera o falsa sin ponerla a prueba posteriormente. El mapa de un territorio.

Y aunque "el mapa no es el territorio" frase fue acuñada por Alfred Korzybsky (Science and Sanity, 1933), y fue usada por él como metáfora para explicar cómo el lenguaje constituye un mapa usado por las personas para representar la realidad que perciben, sí nos da una representación del mismo y si el mapa es incorrecto...

Es muy probable que tú, como la mayoría de los pacientes que acuden a mí, buscando ayuda para salir de sus relaciones dependientes, provengas de una familia disfuncional de origen.

Como ya lo escribí antes, una familia disfuncional es aquella donde los miembros tienen roles rígidos, donde la comunicación es realmente pobre o inexistente, donde no existen las reglas, donde hay conflictos pero nunca se expresan o se reconocen (y menos se habla abiertamente de los mismos), donde los padres tienen conflictos constantes o no se hablan por periodos prolongados (aunque reconozco que cada vez más frecuentemente mis pacientes con problemas de relación me refieren haber tenido una *familia aparentemente funcional* de origen), y en donde la orfandad emocional o física empujan a quienes integran esa familia a sentir mucho dolor. Dentro de ese paradigma ¿cómo no vincular el amor con la violencia (por lo menos) pasiva?

¡No es que pensemos o creamos que eso es amor, -aunque algunos sí- pero es que no conocemos un paradigma diferente!

Después de todo, nuestros padres nos aman, ¿no? Y entre ellos también se aman ¿no? y la verdad... a veces o no se hacen caso o no están juntos. Y nuestra madre se la pasa quejándose de nuestro padre o de la pareja que tiene pero nunca cambia de pareja. ¡Y nuestro padre quizá igual!

Si somos honestos, debemos reconocer que nos sentimos atraídos por personas que han vivido infancias difíciles y que han sufrido mucho. Y es ahí donde pensamos que "somos necesarios". Y especialmente en el caso de los varones que están leyendo esto, si la primera mujer desvalida y sufrida que los necesitó (y que los entrenó bien para relacionarse con determinado tipo de mujer) fue su propia madre, ¿cómo no buscar lo conocido? Mujeres desvalidas y que *necesitan* ser protegidas.

Porque esos niños, hijos varones de madres dependientes y desvalidas fueron educados para que *los necesiten -pero quizá no para que los amen- las mujeres con las que se relacionarán en el futuro.*

El porvenir de un hijo es siempre obra de su madre.

- Napoleón Bonaparte

Manuel es un hombre inteligente. Un hombre que debe andar entre los 38-40 años. Tiene una empresa exitosa y una esposa dominante y controladora. Manuel busca ayuda gracias a que un socio de él y la esposa de éste hicieron terapia de pareja conmigo hace algún tiempo. En la primera sesión Manuel reconoce que aunque su esposa es una "esposa extraordinaria" se siente muy resentido por las demandas económicas de ella y que la gota que derramó el vaso fue que una mañana de la última semana ella lo amenazó con un cuchillo en la mano. Él no entiende por qué si él le ha dado todo a ella y a sus dos hijos, los chicos son tan fríos con él y su esposa se siente tan dolida. Reconoce que su familia de origen fue disfuncional con una madre dominante y un padre muy ausente emocional y físicamente, pero muy buen proveedor económico que les dio una vida muy cómoda.

Cuando le pregunto cómo conoció a su esposa (hace casi 18 años) dice que ella era instructora de aerobics en el gimnasio al que él asistía. Que ella era una joven con un padre ausente y una madre que había tenido que trabajar siempre.

Le pregunto sobre su vida sexual y me contesta: *"Ah, en ese aspecto no tenemos ningún problema. Siempre hemos estado muy bien en lo sexual. Ella está enojada conmigo aunque no lo reconozca porque el hecho de tener a los niños hizo que perdiera su cuerpo. Pero le he dicho que si quiere operarse (abdominoplastía e implantes mamarios) lo haga, pero que a mí no me hace falta. La verdad no tengo queja de ella. No sé qué hacer para contentarla."*

Y le pregunto:

- "¿Por qué crees que es a ti a quien le toca *contentarla?*"

Silencio. Extrañeza en su mirada. Y después de unos minutos contesta:

- "Cuando mi mamá se enojaba mi padre le regalaba cosas. Pero ya le he regalado tantas cosas a Tere (su esposa)..."

Es cierto: Las mujeres desarrollamos más comúnmente esta forma de relacionarnos que los hombres, pero sólo porque ellos recurrían a las sustancias frecuentemente. Hasta los años 90´s las mujeres nos hacíamos "adictas" a una (o muchas) *relaciones* tóxicas en 9 de cada 10 casos; mientras que los varones en proporción inversa, 1 de cada 10 casos.

Los hombres recurrían al trabajo y a las *sustancias* tóxicas como el alcohol y otras drogas ilegales en 9 de cada 10 casos. Y esto hace una década y media apenas. Hoy, la relación de mujeres que recurren a otras "adicciones" es de 3 de 10. Sí. Las mujeres estamos recurriendo cada vez más a las *sustancias* mientras que los hombres a las *relaciones* tóxicas. Cada vez es más frecuente el número de mujeres que acuden en busca de ayuda a grupos de 12 pasos como AA o bien a consultorios psicoterapéuticos mientras que los varones también buscan cada vez más la ayuda de grupos para dependientes emocionales.

Es obvio: Tanto ellos como ellas necesitan aprender a vivir libres de dependencias emocionales. Y hago de tu conocimiento que si tú necesitas aprender a vivir libre de ellas, éste no será un libro fácil de leer para ti. Ahora regresa a la pregunta inicial y contéstate a ti mismo:

¿Cuál es tu paradigma del amor?

Mi primer contacto con Erika fue en un taller de Inteligencia Emocional. Lloraba mucho y decía tener un padre alcohólico que la abandonó a ella, a su mamá y su hermana hacía muchos años y hoy tenía una relación con un hombre muy violento, Carlos, quien además era infiel y tenía problemas severos con el alcohol.

Erika decía que lo amaba apasionadamente. Había intentado muchas veces a lo largo de 8 años dejarlo. Pero siempre regresaba con él después de un tiempo. Ella lo perdonaba y todo empezaba de nuevo, hasta el siguiente engaño o la siguiente golpiza.

Ella lo buscaba si él no lo hacía. Se sentía profundamente sola al grado de culparse por todo y reconocerlo ante él, quien "la perdonaba y le daba otra oportunidad" siempre.

Cuando las escenas de nuestra infancia son particularmente dolorosas, traemos con nosotros un patrón (paradigma) de abandono, de dolor y de jurar que a nosotros no nos pasará lo mismo que a nuestros padres. Tendemos desde ese pequeño niño o niña que tenemos lastimado tan profundamente dentro de nosotros (nuestro niño interno) a reconstruír nuestras escenas dolorosas de infancia con el sano deseo de modificar el final de cada una.

Habituándonos cada vez más al dolor. Elevando cada vez más nuestro umbral ante el mismo y disminuyendo cada vez más nuestro –ya "de suyo" muy bajo- coeficiente emocional. Pero lee atentamente lo que sigue.

Lo siniestro y lo que hace trascendente el analizar este tema a fondo para esta mujer que también tuvo un *paradigma equivocado* del amor al escribir un libro como el que tienes en tus manos es que "paradigma" es modelo, el ejemplo, el patrón. ¿Coincides? Es como un mapa. Un mapa mental.

Y si estuvieses en la Cuidad de Buenos Aires (ciudad a la cual adoro y prometo pronto vivir en ella aunque sea dos meses cada año), ¿Te serviría un mapa de la Ciudad de México? Bien, pues quizá en algún momento, a tu abuela, a tu bisabuela y a tu madre o a tu bisabuelo, a tu abuelo o tu padre les haya servido su paradigma del amor sufrido y dependiente. De mujeres abnegadas y dejadas. De víctimas que permitían todo porque "el amor es sacrificio" y porque "quien bien las quería, las maltrataba" y porque "era su cruz" y como la mayoría de estas mujeres eran ignorantes -o casi- también en lo académico e intelectual, porque sus padres también tuvieron el paradigma erróneo de "tú eres mujer, a ti te van a mantener, tu hermano que sí estudie, tú no lo necesitarás" y con ello las condenaron. En el caso de los varones, ¿creen que ellos hayan sido felices teniendo a sus parejas no por lo que eran, no porque ellas los amaban, sino *porque los necesitaban?* ¿Porque "no tenían de otra"? ¿A qué hombre inteligente le alimentaría el ego tener a una mujer que está a su lado por lo que obtiene de él y no por lo que él es?

Pues quizá a ti, que eres una mujer profesionista, o un hombre exitoso en lo laboral, lo que no te funciona *no* es la relación con los otros (pareja, hijos, compañeros y amigos), sino que estás usando el mapa de la Ciudad de México pero aún no te das cuenta de que estás en Buenos Aires, o al revés. Te das cuenta de que estas en Buenos Aires, pero no te das cuenta de que el mapa que tienes en las manos es el mapa de la Ciudad de México.

Es por ello que la pregunta "¿Cuál es tu paradigma del amor?" tiene tanto sentido. Porque quizá hace tiempo te sientes perdido(a), en un laberinto sin mapa y sin brújula. Porque parece que nada tiene sentido. Y es ahí te sientes perdido y cuando más necesitas recuperar la brújula y tener el mapa correcto.

¿Amor INCONDICIONAL...? ¡Otro mapa equivocado!

Y aquí entro en un subtema que es necesario tocar: ¿Hasta dónde seguir con el mapa equivocado? ¿Hasta cuándo es necesario aguantar? ¿Hasta dónde elegir el terminar una relación que no va bien? ¿Hasta cuándo seguir levantando la bandera de *"haría por ti cualquier cosa que me pidieras"*?

Y creemos que eso es Amor incondicional. Le llamamos así porque lo tolera todo, en el que yo deseo y fantaseo que vives para mí y yo para ti. En el que yo soy tuya y tú mío. Amor para personas a quienes les gustan los retos, lo difícil y lo adrenalinógeno (que produce adrenalina).

Ideal para aquellos a quienes no les importa cosechar algo desagradable como consecuencia lógica y natural fruto de la semilla que siembran, esos que piensan que si una persona le es infiel a su esposo(a) y deja a esa pareja por ellos, *a ellos no les pasará lo mismo*, como si alguno de nosotros tuviera semillas de trigo y pensara que tan sólo por sembrar esas semillas en un terreno diferente pudiéramos cosechar maíz. Aunque las semillas que sembramos sean de trigo. Absurdo e irracional. Pero ese es el paradigma del amor para muchas personas.

En la naturaleza, no hay castigos ni premios, sólo consecuencias.
- Proverbio Chino

Para quien esto escribe, eso parece más amor IRRACIONAL que amor INCONDICIONAL. El amor incondicional, "educado" e inteligente es aquel que reza la oración de cierre en mis grupos terapéuticos semanales sobre dependencia emocional:

Hoy entiendo,

Que Yo soy Yo y que Tú eres Tú.

Que no estoy en este mundo para cumplir tus expectativas,

Y que tú no estás en este mundo para cumplir las mías.

Donde yo, me identifico –plenamente a mí mismo, conociéndome y reconociendo mis límites– como alguien diferente de ti, una vez un niño de 5 años levantó su manita en un taller de Inteligencia Emocional para niños que en ese momento yo impartía y me dio la mejor definición de la segunda persona "tú" cuando yo pregunté si sabían "¿quién eres tú?". Me dijo: "¡Yo sé quién eres tú!" ante mi mirada de asombro, y completó: "¡Tú eres NO YO!" genial ¿no?

Tú haces lo tuyo, y yo hago lo mío.

Si en algún momento o en algún punto nos encontramos, y

coincidimos, será genial.

Y si no, no hay nada qué hacer.

Entonces, hoy o sea no ayer y no mañana; comprendo es decir me doy cuenta; de que yo soy yo, y tú eres no yo, con todo lo que eso implica. Que no naciste para ser como yo quiero que tú seas, y que yo tampoco estoy en este mundo para ser lo que tú (o sea no yo) necesitas que yo sea. Tú haces tus propias elecciones, y yo las mías.

Si no, pocas cosas tenemos que hacer juntos.

Tú eres Tú y Yo soy Yo.

Porque hoy entiendo,

Que Yo soy Yo y que Tú eres Tú.

Si la vida, la suerte o el destino nos hacen estar juntos y pensamos igual, eso sería genial. Y si no, no hay nada que hacer, pues yo dejaría de ser yo si cambio para convertirme en lo que tú deseas que cambie, y no te confundas, si deseas que cambie, es que no me amas a mí. A este que yo soy. Y lo mismo pasaría contigo, si te pido que cambies será entonces que no amo al que hoy eres, sino al que no eres pero que quisiera que seas.

Falto de amor a Mí mismo,
Cuando en el intento de complacerte me traiciono.

Sigue siendo como eliges ser, pero yo no me quedo a tu lado.

Falta de amor a Ti, Cuando intento que seas como yo
quiero ...
En lugar de aceptarte como realmente Eres.
Porque Tú eres Tú y Yo soy Yo.

Fritz S. Peris (1893-1970)

Te amo tanto, que no te pido que cambies, porque la que cambia soy yo; pero de pareja. Así de simple, así de lógico, ¿no te parece? En ningún lado la oración de Peris dice que me quedo ahí aunque tú no cubras mis expectativas.

Es mejor ser odiado por lo que eres, que ser amado por lo que
no eres.

- André Gide

El amor incondicional es como el de la madre que ama a un hijo como él es. Y que no le pide que se quede a su lado aunque su hijo ame a una mujer a 8 mil kilómetros. Porque esa madre le ama incondicionalmente y sólo quiere la felicidad para el que ama. ¿Por qué no podemos amar así a una pareja? ¿Entendiendo que si deja de amarnos le dejaremos ir tranquilamente? La respuesta es precisamente esa. Porque no le amamos. Dependemos.

Diálogo entre un paciente y yo:
-Entonces, ¿La forma de relacionarme
es adicción? ¿O es amor?
- Mmm... Ni lo uno, ni lo otro.

Ya vimos lo que significa amor incondicional. Amor, simplemente. Ahora veamos lo que es la adicción al amor o dependencia emocional.

A-dicción: La palabra adicto viene del latín " *addictus* ", que quiere decir "adjudicado" o "heredado". Después de una guerra, los romanos hacían una "subasta" donde regalaban esclavos a los soldados que peleaban bien. Esos esclavos eran conocidos como *addictus*. Entonces entendemos que "adicto", es un "esclavo" de las drogas.

Una versión bastante psicoanalítica de su probable etimología, dice que la palabra "Adicto" proviene del prefijo negativo "a", y "dicto", en latín: "dicho". "Adicto" es, entonces, quien no ha podido poner en palabras su angustia vital (y así comenzar a elaborarla), y por ello ha recurrido al efecto alienante de las drogas como ilusoria vía de escape.

La palabra "adicto" viene del latín *addictus*, "apegado o adherido a una persona, una opinión, etcétera", participio pasivo del verbo *addicere*: "asignar, adjudicar, dedicar" (de *ad*, "a, hacia, para" + *dicere*, "decir.

Adicción es una enfermedad primaria, crónica con factores genéticos, psicosociales y ambientales que influencian su desarrollo y manifestaciones. La enfermedad es frecuentemente progresiva y fatal. Es caracterizada por episodios continuos o periódicos de descontrol sobre el uso, uso a pesar de consecuencias adversas, y distorsiones del pensamiento, más notablemente negación.

DEPENDENCIA

Ahora voy a permitirme hacer uso de las brillantes conclusiones de mi gran maestro Jorge Bucay, quien -entre tanto que se ha escrito sobre el tema- me parece es quien lo expone mejor sin duda. Muy inteligentemente, el maestro expone primero, lo primero: La etimología de esta sabia palabra.

Las siguientes definiciones son según el website de wordreference (http://www.wordreference.com/):

Pender
- intr. Estar colgada o suspendida una cosa: las frutas penden de las ramas.
- Estar algo en espera de solución.
- Existir un peligro o amenaza sobre alguien o algo: la amenaza de un tifón pende sobre su ciudad.

Depender
- Estar conexo o condicionado por algo para existir o tener lugar: el desarrollo de la planta depende de varios factores.
- Estar subordinado a algo o alguien: su cargo depende directamente del ministro.

- Necesitar de la ayuda y protección de otra persona o de otra cosa: depende demasiado de su madre.

La palabra codependencia es una palabra sabia. Como ya lo enumeramos antes:

- Pender = Colgar
- De-pender = Colgado de, colgar de

Co-depender = Co-propiedad, lo tuyo también es mío, te cuelgas de mí (o de alguna sustancia, actividad, persona o cosa) y yo de ti. Es decir, codependemos.

SEMEJANZA Y DIFERENCIA ENTRE ADICCIONES Y DEPENDENCIAS AFECTIVAS

SEMEJANZA

- Ambos desarrollan una relación patológica, (negativa) una con una sustancia, una actividad o una persona.
- En ambos se establece una incapacidad que "excede los límites de la voluntad" por dejar lo que los daña sin poder parar la conducta autolesionante.
- En ambas cuando se interrumpe el contacto con la sustancia o persona de quien depende síndrome de abstinencia (mal contigo pero peor sin ti)
- En ambos la persona está buscando "algo" que le falta.

DIFERENCIA

- Que las dependencias *afectivas* sí tienen "cura" y las adicciones (o dependencias a sustancias) sólo "recuperación". El diabético depende de la insulina (dependencia positiva, pues nos ayuda a mantener la salud). Pero no es adicto a la misma. Otro ejemplo es el del enfermo oncológico que depende de la morfina suministrada por su médico para controlar el dolor. Es obvio que depende de ella pero no es adicto.

Eso es, hay dependencias positivas si nos benefician y negativas si nos perjudican. Bien simple. Dependencias parasitarias y Dependencias simbióticas.

Desde el punto de vista médico las dependencias suelen ser entendidas como la ADQUISICIÓN de una necesidad biológica debido a un fenómeno de neuroadaptación bioquímica mediante el cual se adapta y tolera cantidades muy altas de sustancias químicas que en condiciones normales serían mortales para el individuo.

Esta "dependencia química" o "aumento de la tolerancia" son los responsables del síndrome de abstinencia.

Repito, la adicción, o enfermedad adictiva no es lo mismo que una dependencia, a pesar de que todo el mundo las confunde, incluyendo a gran parte de los profesionales "Psi".

Ya vimos que las dependencias pueden ser positivas o negativas. La adicción es una ENFERMEDAD psíquica del adicto. Básicamente, su enfermedad consiste en una contradicción que es cada vez más grande en los adictos. Esta contradicción consiste en lo que él sabe que tiene que hacer y lo que hace. A esto ellos le llaman "perder el control de la voluntad" esto hace que se vea obligado a mentir y a vivir una doble vida.

Esta pérdida de la voluntad es algo en lo que las adicciones y la dependencia afectiva también se parecen.

Las parejas dependientes siempre comparten esta "posesión". Al igual que comparten sus "beneficios". Más sobre características de este tipo de relaciones:

El dependiente es aquella persona que deja de "verse" a sí mismo para poner su atención en los otros. Bien puede ser que "otros" sean su pareja, sus amigos, sus vecinos o cualquier persona fuera de la persona misma. Lo hace para "rescatarla" y generar aceptación y aprobación.

Así es como el dependiente, al preocuparse por los otros, se olvida de atender sus propias necesidades. Con su constante ayuda, el dependiente busca generar, en el otro, la necesidad de su presencia, y al sentirse necesitado cree que de este modo nunca lo van a abandonar.

Todo esto gracias a que su autoestima y *su necesidad de adrenalina* le hacen actuar de forma inconsciente (o sea sin darse cuenta clara de ello): *"Como soy tan poco como para que me elija el otro por lo que soy, haré que lo haga por lo que me necesita para resolverle la vida."*

Es muy común que en este tipo de relaciones no puedan ponerse límites y sencillamente todo sea perdonado, a pesar de que la otra persona llegue a herirlo de manera deliberada, esto es simplemente porque se confunde el sufrir por el otro con un inmenso amor que todo lo puede y todo lo perdona. Recuerda a Ericka unas páginas atrás.

Por esto, las personas que se relacionan así son incapaces de alejarse por ellos mismos de esas relaciones, por más sufridas que éstas sean, y es muy común que lleguen a pensar que más allá de la persona se acaba el mundo. Son relaciones entre quienes yo llamo *personas-con-necesidad-de-ser-necesitados.*

Nadie cambia si no siente la necesidad de hacerlo.
- Henry Ford

La dependencia (o esclavitud emocional) consiste en estar total o casi totalmente centrados en una persona, un lugar o en algo fuera de nosotros mismos. La dependencia se caracteriza por una negación inconsciente de nuestras emociones. La negación es una respuesta humana natural a situaciones a las que no podemos hacer frente o que no podemos permitirnos sentir. Se origina en la niñez, dentro de un ambiente familiar no sano. Es nuestra forma de protegernos. Es un proceso inconsciente necesario para la supervivencia en determinadas circunstancias.

Pero nuestra conducta y las formas de relacionarnos SIEMPRE QUIEREN DECIR ALGO. Un dependiente emocional PUEDE superar este estadio de ignorancia emocional -y no de enfermedad pues nunca ha estado enfermo-, para poder ser libre de elegir con quien relacionarse y, más aún, poner límites.

Es hasta que reconocen su condición psicológica y que ésta es producto de su profunda ignorancia emocional que deciden en el mejor de los casos hacer algo para cambiar la manera en que viven y así, terminar con su propia dependencia y no volver a generar dependencias en otras personas o en futuras relaciones. Eligen aprender a cargarse ellos mismos.

¿Por qué confundimos dependencia con adicción?

Conociendo a nuestra verdadera droga

Muy fácil. Porque se tiene la falsa idea de que dependencia afectiva significa adicción. ¿Por qué? Pues simplemente porque PARECE SERLO. Pero no lo es. Porque los dependientes emocionales no estamos enfermos. Tendré mucho cuidado en exponer esto.

Te repito que Yo pienso que la dependencia emocional no es una adicción. Y pienso esto basada en 9 años de trabajar fuertemente con mujeres y hombres dependientes emocionales que me han confirmado que no es una adicción porque es simplemente una manera de relacionarnos, dañina, tóxica y disfuncional pero una manera al fin. Y la conducta, y dentro de ésta la forma en la que nos relacionamos, siempre tiene su por qué y su para qué.

Sí. *La conducta, -citando un principio terapéutico-, siempre quiere decir algo.* Y eso que quiere decir casi nunca es consciente, pero está. La conducta es la punta del iceberg, mientras que el *por qué* de esa conducta es lo que no se ve arriba de la superficie, pero que es las cuatro quintas partes de lo que vemos. ¿A qué me refiero?

A que desde niños la mayoría de las personas que nos relacionamos deficientemente en la adolescencia y adultez hemos tenido un gran "por qué" (una razón) y otro gran "para qué" (una gran sentido) de por qué nos relacionamos como lo hacemos...

Pero ¿Por qué digo que no estamos enfermos? Sólo porque...

No estamos enfermos.

La enfermedad del ignorante es
ignorar su propia ignorancia.
Amos Bronson Alcott
Filósofo y profesor estadounidense

La dependencia afectiva también mal llamada clínicamente codependencia, no es una enfermedad, sino una falta de educación emocional.

Y por favor, no estoy invitando a ningún adicto a sustancias a dejar su camino a la recuperación. *Pero las dependencias a personas no son lo mismo que las adicciones a sustancias.* En mis muchos años de experiencia profesional no he conocido a un alcohólico o a un adicto a sustancias que beba alcohol o que consuma drogas compulsivamente pueda parar cuando lo elija y relacionarse de manera diferente con estas sustancias. Pueden sólo por hoy.

Y los grupos de 12 pasos ayudan a que los adictos sustituyan una adicción muy dañina -a la sustancia- por otra adicción que no lo es, o no debería serlo: una adicción a un grupo de 12 pasos donde comparten experiencia, fortaleza y esperanza, *del cual no pueden "darse de alta" (utilizando el mismo término en el argot irónico que se utiliza en estos grupos) nunca.* Nunca a menos que elijan poner su "sobriedad" en riesgo. Porque para eso van al grupo. A escuchar personas "recién llegadas" que cuentan las mismas historias que ellos mismos -a pesar de tener 20 y más años en el grupo- contaban al llegar. Y para que el recordar estas historias (muchas veces siniestras) estas personas elijan no beber o consumir *sólo por hoy.* Sólo por esas 24 horas.

Pero cuando algunas de estas personas a pesar de asistir a los grupos de 12 pasos por muchos años –o no– "recaen" utilizando sus propios términos nuevamente, su compulsión por la sustancia se desata con una fuerza descomunal, como cuando se destapa una botella de champagne, dicen ellos; destruyendo todo lo que habían construido en su periodo de "sobriedad". Así hayan pasado 20 años o más sin probar la sustancia.

Es decir, el adicto a una sustancia sabe (o debiera saber) que *no existe "cura" para las adicciones*, o por lo menos no hasta el día de hoy; sino una recuperación que dura sólo el día de hoy.

Y en esta clase de grupos frecuentemente los miembros lo recuerdan unos a otros y hasta hay letreros que rezan: "Recuperación, no es cura." Pero te tengo buenas noticias:

Para los dependientes emocionales recuperación no es cura, pero educación emocional sí.

Sí. *Sufrir por amar no es una adicción.* Y menos una enfermedad. Y difiero fuertemente con mis colegas que lo afirman y también con los adictos recuperados que afirman que el alcoholismo o la adicción a sustancias y/o a personas son enfermedades. Más bien son un síntoma más de una enfermedad completa de la personalidad que ellos definen como "ingobernabilidad" de carácter. Es decir, se les desbocan los caballos frecuentemente. Retomaré esto posteriormente.

Incluso difiero con la psicoterapia moderna, que interpreta esta forma de relacionarnos con los otros como una enfermedad y la equipara con cualquier otra adicción en la cual la "droga" es una persona.

Y difiero con ellos porque el dependiente emocional no es un dependiente a una persona sino a una sustancia: La adrenalina (como el diabético a su insulina). Una sustancia endógena (y no necesariamente tóxica) que *suele tener los efectos del mejor antidepresivo para los dependientes emocionales.*

La adrenalina que el dependiente produce en sus glándulas suprarrenales cada que tiene un problema con esa persona con la que se relaciona de forma disfuncional. La adrenalina que secretan sus suprarrenales cada que la pareja no le contesta el celular, cada que no le contesta el teléfono o cada que no le encuentra disponible para él o ella. Y esa persona no es la "droga" sino el que nos hace la entrega de la misma: "el dealer". Sí. Y desde este paradigma, la pareja de un dependiente emocional toma un rol bien diferente en la relación.

Y otra causa por la que difiero con ellos es porque el adicto puede justificarse y evitar pagar el precio por ELEGIR CAMBIAR y decir lo que se dice en los grupos de 12 pasos: "¿Te enojarías conmigo si padeciera cáncer? ¿Y si padeciera de diabetes?" Pues el alcoholismo (o la adicción x) es lo mismo. Es una enfermedad. "¿Por qué te enojas conmigo por ser un adicto? ¡No tengo la culpa de serlo! ¡No tengo la culpa de lo que hago!" Y también en los grupos dicen: "Ok. No eres culpable. Pero sí responsable de lo que haces o no."

Pero los dependientes emocionales, NO ESTAMOS ENFERMOS. Y sí podemos elegir cambiar de actitud ante el mismo estímulo. Y esto es lo que significa "aprender". Y somos responsables (y en esto nos parecemos a los adictos también) de lo que pensamos, de lo que sentimos, de todo lo que elegimos y por supuesto, de todo lo que hacemos. Y nuestra forma de relacionarnos con los otros y con nosotros mismos, es parte de todo esto. Utilizamos esta forma de relacionarnos porque gracias a los problemas de relación con el otro, no me veo a mí mismo. Y eso es precisamente lo que necesito. No verme a mí mismo. Porque lo que veo no es agradable. Dolor, abandono, abuso. Y ante eso, si no quiero deprimirme, necesito un antidepresivo bien fuerte. Y la experiencia nos indica que nada mejor que la adrenalina. Dejo de pensar en mis problemas, y pienso en los problemas tuyos, o de cualquier otro justo porque necesito evadir resolver los míos propios. Por ello existen tantos dependientes que "profesionalizamos" esta necesidad nuestra. Elegimos profesiones de ayuda. De ayuda a otros.

Este es el caso de médicos, psicólogos, enfermeros, maestros, abogados, trabajadores sociales y tantos otros que nos dedicamos a ayudar a otros porque inconscientemente encontramos la mejor tabla de surf para navegar sobre situaciones bien complicadas que nos ayudan a estar siempre con adrenalina en las venas.

Pero justo esta sustancia que está destinada bioquímicamente a rescatarnos de una situación de peligro y que concentra la sangre en los músculos nos deja sin flujo sanguíneo para irrigar el cerebro... o sea que no pensamos claramente cada que la producimos.

Como en las situaciones frecuentes que pasado el conflicto tú piensas para ti mismo: ¿Cómo pude haber accedido? ¿Cómo pude haber aceptado lo inaceptable? ¿Cómo pude elegir algo así? Era porque tu cerebro no tenía mucha capacidad para pensar claramente, gracias al aporte adrenalínico y a nuestra situación de riesgo extremo: La relación disfuncional. ¿Te suena? Cualquier parecido con tu realidad... No. No es coincidencia.

Otros síntomas de la dependencia son: conducta controladora, desconfianza, perfeccionismo, evitar hablar de los sentimientos, problemas de intimidad, comportamiento protector, hipervigilancia o malestar físico debido a stress.

Las personas que no aman libremente, o sea que son dependientes emocionales pueden buscar ayuda, sin embargo pueden abandonarla tan pronto en el proceso descubren que los puede llevar a "dejar" al otro.

Cortan algunos frutos y hojas podridas, pero no cortan las raíces.

Capítulo 3

¿POR QUÉ SOMOS DEPENDIENTES?

Trabajando en las raíces

La experiencia profesional me hace afirmar que cuando una persona busca ayuda profesional es porque antes ya ha buscado muchos otros tipos de ayuda sin obtener resultados. Y cuando es la familia quien acude en busca de ayuda es que las cosas han ido mucho más lejos.

La joven sentada frente a mí, Ana, era una mujer no mayor de 30, con un cuerpo de modelo y hermosos ojos verdes. Su piel es de un hermoso color miel. Una joven de muy alta clase socioeconómica de una ciudad del interior del país, donde su padre es un político reconocido y su madre fue una reina de belleza -hace más de 35 años- en su estado natal.

Tenía vendadas ambas muñecas y su delgadez era extrema. Su cabello hirsuto y descuidado y sus hermosos ojos estaban rodeados por ojeras extremas. Estaba sumida en una severa depresión y temblaba mucho por tomar medicamentos para controlarla. Después de nuestro saludo, un largo silencio que yo respeté. Ella se arma de valor para musitar con una voz apenas audible:

- *"Salió en el periódico de la ciudad donde vivo. Salimos los dos. Pero por causas bien diferentes. ¿Sabes? Ni siquiera me llamó."*

Se refería a su intento de suicidio y a su novio que la dejó con todos los preparativos para la boda listos respectivamente. Habían formalizado el compromiso hacía 8 meses. Ella lo amaba apasionadamente. Había sabido de sus repetidas infidelidades, pero ella se las había perdonado, después de todo, él era un "chico bien" *y más valía que hiciera sus "travesuras" antes y no después de la boda,* según la mamá de esta joven. Al fin y al cabo, el padre de esta chica –su esposo– le había sido infiel muchas veces y para esta mujer de cincuenta y tantos, la infidelidad era parte del paradigma del matrimonio. Ella también amaba a su marido apasionadamente. Y actuaba como quien tiene el mapa equivocado, pero no lo sabe. Y les transmitía a sus hijas (tres) el mismo mapa. ¿Cómo darles a ellos el mapa que ni ella conocía?

En sesiones subsecuentes, Ana (quien se mudó a la ciudad de México gracias a que los contactos de su papá le consiguieron un empleo muy bien pagado en el Gobierno del D.F.) me contó que si bien sus hermanas mayores estaban "bien casadas" con personas "chicos bien" y muy pudientes a nivel económico, también sufrían infidelidades y lo toleraban. Ellas, al igual que su madre, amaban apasionadamente a sus esposos también.

Lo más curioso era que su único hermano varón, también amaba apasionadamente y no podía consolidar una relación, pues todas las mujeres con las que se relacionaba se "aprovechaban" de él.

Pocas sesiones después (yo hago terapia muy breve) Ana reconoció que siempre, desde adolescente había amado *apasionadamente.*

Y tú, ¿Amas apasionadamente?

Sería bueno te preguntes esto. ¿Amo apasionadamente? Y aunque lo dudes, la respuesta es sí. Definitivamente sí. Aunque no te hayas dado cuenta. Y después de esto, que muy honestamente reflexiones qué significa para ti amar de esta forma, qué pagos has pagado por ello y si ese mapa te sigue funcionando.

Significado de la palabra "pasión"

Aún recuerdo esta escena de mi propia infancia: Fin de semana en casa de mi abuela paterna. Mis padres me habían dejado por petición mía debido a que mi tía "Muñez" está de visita en la ciudad (semana santa del '73 ó '74) y trae a mis primos, Sergio, Memo y Tavo con ella.

Típico: Es viernes santo y la televisión transmite la película *"La pasión de Cristo"*. Yo tengo 7 u 8 años. Y en la escena en la que Jesús está recibiendo –no sé cuántos, pero muchos– latigazos pregunto en voz alta a los adultos que hacen sobremesa en el comedor:

-*"¿Por qué le hacen eso?"*

Y la respuesta –contundente y sonora en toda la sala- de mi abuela:

-*"Porque Dios envió a su hijo Jesucristo y dejó que le hicieran todo eso por amor a nosotros."*

¡Ops!!! ¿Cómo puede ser el paradigma del amor en una sociedad que vanagloria y enaltece al que sufre por el otro?

Y no hablemos de las películas de las heroínas de todas las víctimas en latinoamérica: Libertad Lamarque y Sara García con las que crecieron nuestros padres y abuelos -y de paso algunos de nosotros en los 70´s-. Así, ¿o más obvio?

Pasión es una palabra que deriva del latín y quiere decir *sufrimiento* (¿A poco?). Como concepto, *pasión* es una inclinación hacia alguien o algo excesiva y exclusiva. A esta emoción la acompañan siempre sufrimientos, desengaños, tormentos e ideación fija. Con la pasión el equilibrio mental se trastoca y uno se implica en cualquier decisión que incluya el objeto pasional.

Según Roxana Kreimer:

> *"El romanticismo exalta la pasión amorosa y su reguero de desdichas, y con frecuencia da a entender que los goces que no producen dolor son meras expresiones filisteas. Sade continúa en esta línea y entiende que el goce que no produce sufrimiento no vale nada."*

Y sigue:

> *"En Madame Bovary Flaubert escurre el pañuelo y pone un poco de cordura frente a tanto desatino: la pasión de amor es valiosa, dice, pero muy triste cuando conduce a la desdicha."*

Noticia: Siempre conduce a la desdicha. Y hasta Shakespeare en "Sueño de una noche de verano" describe el amor apasionado:

> *"—¿No te digo en los términos más claros que no te amo ni podría amarte?"*

Ella responde:

> *"—Y por eso mismo te amo más. Y soy tu terrier, y cuanto más me pegues, más afecto te tendré. Trátame como a tu terrier, úsame, recházame, pégame, descuídame, piérdeme,*

pero por indigna que sea deja que te siga. ¿Qué puesto más humilde puedo implorar sino que me trates como a tu perro?"

Y si tú amas apasionadamente, debo advertirte nuevamente que es altamente probable que la lectura de este libro te incomode (si no es que ya te ha incomodado hace rato). O puede ser que elijas leerlo de forma superficial y poco comprometida para que esto no suceda, y está bien; pero si es así y al final no te ha incomodado ni te ha hecho cuestionarte nada, de verdad te sugiero leerlo nuevamente unos meses después. Todos, especialmente quienes necesitamos aprender a vivir libres necesitamos negar lo que nos duele. Este ha sido nuestro primer mecanismo defensivo desde niños. Tal vez en una lectura posterior puedas metabolizar emocionalmente esto.

Y una autora ampliamente reconocida en el tema, Robin Norwood dice acerca de esto:

"El amor apasionado, Eros, es lo que en general siente la persona que ama demasiado por la persona que es imposible. Es más, el hecho de que haya tanta pasión de debe a que es imposible."

Y profundiza:

"Para que exista la pasión es necesario que haya una lucha continua, obstáculos que superar, un anhelo por más de lo que se dispone. Pasión significa literalmente sufrimiento, y a menudo sucede que cuanto mayor es el sufrimiento, más profunda es la pasión."

En las estas páginas has leído varios casos de amores apasionados. Y creerás que son extremos, pero nada de eso. Eso también es un mecanismo defensivo. Pensar que lo que nosotros vivimos "no es tan grave" y que esos *casos extremos* nunca nos sucederán a nosotros.

A continuación escribo fielmente lo que mi propio terapeuta me contestó en una sesión hace ya más de una década, al decirle yo lo siguiente:

- *"Pero en ese grupo Al-Anon al que me has pedido que asista, todas han pasado por cosas que yo no viví con el padre de mis hijos. Yo no correspondo a ese grupo. No me identifico con esas personas."*

Su bondadosa y sabia respuesta fue:

- *"Si no lo viviste, fue sólo gracias a que tu ex–marido no te dio tiempo para vivir lo que las mujeres del grupo sí han vivido."*

Yo lo amaba apasionadamente. Y te digo más:

Yo misma padecí de esa bondadosa ceguera emocional y apasionada durante muchos años. Estaba en el laberinto, negándome a ver lo que pasaba y sin mapa o con el mapa equivocado. Y seguiría ahí si no hubiera sido porque el padre de mis hijos *–muy sanamente, gracias a Dios–* **eligió no seguir a mi lado. *Hoy reconozco que él estaba por mucho más sano que yo.*** Tanto como para elegir no seguir a mi lado después de una relación tan tormentosa como la que se vive con un adicto, esté activo en su adicción o no. Y un adicto sólo da lo que tiene. Autolesión y falta de amor por él mismo. De otra forma, no sería un adicto. Nadie puede amarte si no se ama a él (ella) mismo(a). Y las adicciones, hasta el día de hoy, te recuerdo, tienen recuperación, pero no cura. No existe cura para los adictos. Siempre lo serán hasta que se encuentre la cura. Y mira que muchos han intentado encontrar la cura sin éxito aún... podrán estar abstinentes y permanecer así por muchos años, pero nunca estarán curados de su adicción.

Alguna vez, en uno de mis talleres (*Aprendiendo a amar de nuevo, taller sobre dependencia afectiva*) dije a todo el grupo de mujeres que asistían al mismo:

-*"Les prometo que algún día van a agradecer mucho al hombre que las hizo llegar a este lugar por haberlas dejado."*

Meses después una mujer de las que estaban en ese taller, dijo en una de mis conferencias ante una gran multitud de personas:

"-Cuando escuché a Gabby decir que algún día le agradecería a mi ex marido el dejarme pensé: "Ésta mujer está loca". Pero hoy, realmente le agradezco a él por haberme dejado."

Esa mujer, al igual que muchas otras que buscan la ayuda correcta, había encontrado el mapa correcto. Para llegar al lugar correcto, debes tener el mapa correcto. Y parafraseando a Alfred Korzybski: El mapa no es el territorio. Porque saber, no es hacer.

Hacer consciencia de nuestras raíces

¿Recuerdas el dibujo del árbol que te pedí dibujaras en una de las primeras páginas de este libro? ¿Cómo son las raíces de tu árbol? ¿Te sorprende no haberlas dibujado?

¿Por qué crees que ocurrió esto?

Las raíces son al árbol lo que son los principios a las personas.

Sí. Y al igual que al árbol, nos sostienen cuando hay tormentas. Y al igual que en el árbol, cuando no son fuertes, el árbol es vulnerable.

Y... ¿Qué son los Principios?

A pesar de que reconozcamos la importancia y que frecuentemente los mencionemos, es muy común que no tengamos una definición clara y precisa de lo que son los principios.

Es más, frecuentemente los confundimos con los valores y los utilizamos como sinónimos. A pesar de que normalmente existe polémica en su uso y aplicación (incluso entre los autores más importantes sobre desarrollo personal), estos conceptos tienen un significado único, diferente e independiente del otro.

Los principios son lo que va primero. Igual que en el árbol. Los principios son verdades profundas y universales similares a las leyes de la física, de la química o de las matemáticas. Los principios son verdades profundas, fundamentales, verdades clásicas, denominadores comunes. Son hebras estrechamente entretejidas que atraviesan con exactitud, consecuencia, belleza y fuerza la trama de la vida.

Los principios deben ser universales. Ellos deben ser aplicables por cualquiera, donde quiera y en cualquier situación. Deben funcionar igualmente bien en todas las áreas de la vida.

Los principios deben ser congruentes internamente y no pueden entrar en conflicto entre ellos.

Los principios deben ser prácticos. Debe ser posible utilizarlos para generar resultados inteligentes en el mundo real.

Además de las anteriores, tienen las siguientes características:

a. Son intemporales. Esto es, no cambian con la moda o el tiempo, han existido desde el principio de los tiempos y existirán siempre.

APRENDIENDO A VIVIR LIBRE

b. Son Universales. Esto significa que son igualmente válidos para cualquier persona, en cualquier lugar y ante cualquier circunstancia.

c. Los principios son irreducibles individualmente e integrales en su conjunto.

d. Los principios son prácticos y pueden ser utilizados para obtener resultados positivos y útiles en el mundo real. Siembra y cosecharás.

e. Son manifiestos, es decir que no necesitan demostración. Se cumplen siempre.

f. Los principios actúan para bien de quienes los respetamos, y nos ayudan a mantener relaciones sanas con todos. Como LAS REGLAS DEL COLEGIO.

g. Por último... cuando no los respetas, pagas las consecuencias de no respetarlos.

h. Los principios son como faros. Son leyes naturales que no se pueden quebrantar.

i. Los principios son indiscutibles.

j. Los principios no están a votación.

Los principios son como una brújula. Siempre apuntan hacia el mismo lugar. Tienen un sentido común. Aunque tú tengas una brújula y yo otra, y ambas estén distantes, ambas apuntan hacia el mismo sentido. Y el propósito de este libro es que aprendas a AMAR CON SENTIDO. Con sentido común, conociendo y respetando principios. Porque igual los conozcas o no, si no los respetas, pagarás las consecuencias.

Un ejemplo que te ayudará a entender esto: Si te subes al edificio más alto de la ciudad donde vives, y te tiras desde el último piso, no importa si conoces o no el principio (o ley) de gravedad. Igual pagarás las consecuencias.

Principios del Desarrollo Personal (según Steve Pavlina)

Los principios primarios son:

1. Verdad. (Principio de realidad) Enfrentar la realidad como es evitando la negación...
2. Amor. Establecer conexiones sanas con las demás personas.
3. Poder. La capacidad de una persona para crear su propio mundo de forma consciente. De elegir libremente.

Los principios secundarios (derivados de los principios primarios) son:

1. Unidad (amor + verdad): El reconocimiento de que todos estamos conectados siendo parte de un todo.
2. Autoridad (verdad + poder): Combinar el conocimiento con la acción para generar resultados inteligentes.
3. Coraje (amor + poder): La inspiración y el valor para afrontar nuevos retos.
4. Inteligencia (verdad + amor + poder): La alineación con la verdad, el amor y el poder.

Y... ¿Qué son los Valores?

Los valores son creencias individuales o de grupo y determinan o fomentan ciertos comportamientos o formas de pensamiento en una comunidad determinada. La definición de valores puede ser muy diferente dependiendo de quien la establece:

- Para un antropólogo son un conjunto de creencias compartidas por un grupo de personas y que determinan el comportamiento de todos los integrantes del grupo.
- Para un psicólogo son creencias individuales profundamente arraigadas que determinan el comportamiento de una persona.
- Para un filósofo los valores son aspiraciones de las personas.
- Para un pedagogo son un conjunto de metas educativas.

Desde el punto de vista filosófico los valores son aspiraciones o metas de las personas. A diferencia de los principios, los valores sí cambian con el paso del tiempo; son relativos en su aplicación porque para algunos son válidos y para otros no lo son y pueden arrojar resultados positivos *si están basados en principios*, asimismo pueden arrojar resultados negativos cuando no se basan en aquellos.

Ejemplos de valores: *respeto, honestidad, responsabilidad, equidad, justicia, etc.*

Los valores por naturaleza, a diferencia de los principios pueden ser positivos o negativos:

I.   El respeto y la honestidad son positivos por naturaleza
II. La explotación y el abuso son negativos por naturaleza

Los valores por su aplicación son relativos. Ejemplo de un valor basado en principios y del mismo valor no basado en principios:

El valor de la lealtad cuando es utilizado no basado en principios entre los miembros de una banda de secuestradores, o de narcotraficantes. Son leales y a veces dan la vida por ello, pero esto no significa que estén haciéndole un bien a la comunidad donde secuestran personas o venden droga.

El que ni estudia ni trabaja, también progresa;
pero solamente hacia la ignorancia y pobreza.

- Anónimo

La relatividad de los valores

En algunas ocasiones alguno de los valores puede ser puesto en tela de juicio y justificar aparentemente comportamientos incorrectos. Por ejemplo, una persona con la justificación de ser honesta divulga información privada o confidencial sobre otras personas. O un jefe en la oficina argumentando responsabilidad no permite que sus subordinados atiendan ningún asunto personal en su horario de trabajo, aun cuando este sea urgente.

En los casos anteriores el uso de los valores no basados en principios (en los casos citados en el párrafo anterior sería dar lo que deseo recibir, el principio o ley boomerang) da resultados negativos, o están dejando de lado otros valores, o no están dando lo que desearían recibir de todas las partes involucradas.

En el primer ejemplo esta persona puede argumentar que es honesta al decir la verdad, sin embargo está faltando al respeto de la persona que le confió la información y está siendo irresponsable al revelar la información privada que pudiera tener consecuencias graves para otras personas. El jefe que prohíbe la atención de asuntos personales urgentes durante el horario de trabajo, no está considerando ningún otro aspecto de la vida que no sea el trabajo (por ejemplo la familia, los amigos, el propio empleado, etc.) con lo que está faltando al respeto de sus colaboradores.

En ningún caso estamos dando lo que deseamos recibir.

Los valores para que puedan funcionar adecuadamente deben estar sustentados en principios: Vida, Amor y Poder o Libertad de elegir. Al utilizar nuestros valores cumpliendo con estos 3 principios universales las posibilidades de éxito son mucho mayores.

Capítulo 4

ENCONTRANDO EL MAPA CORRECTO

Dos sanos, o dos enfermos

Hace unas páginas, escribí que co-depender, viene de co-propiedad. Lo que tú y yo poseemos. Lo que es tanto tuyo, como mío. Lo que tú padeces y que yo también padezco. Tú dependes de una cosa y yo también, aunque estas cosas de las que somos dependientes no sean una misma cosa. Y en este caso, la forma de relacionarnos con los otros tanto tuya como mía. ¿Recuerdas?

Y ¿Por qué co-dependemos? Porque tenemos con quien hacerlo y es la única forma de relacionarnos que conocemos. Un principio psicológico reza así:

> *"Para que exista una pareja hace falta una de estas dos condiciones: Que esta pareja esté integrada por dos personas sanas o por dos personas enfermas."*

Yo lo modifico, y en lugar de utilizar los términos "sanos" o "enfermos" utilizo "ignorantes emocionales" o "educados emocionales" pues los psicólogos no atendemos a enfermos sino que somos educadores, pues educamos emocionalmente a quienes atendemos.

Además, si permito que mis pacientes piensen que están "enfermos" es probable que ellos encuentren excusa para no hacer nada al respecto pues piensan que no son responsables de estar enfermos. Y nada más alejado de la verdad. Repito. No estamos enfermos. Los dependientes no estamos enfermos.

Mi amigo César dice que la dependencia no se cura, y que sigo siendo dependiente. Y si esto es cierto -y sólo por no llevarle la contraria- entonces yo soy una dependiente que se ha educado emocionalmente y se relaciona con una pareja igual. Por tanto, Pablo (mi marido) y yo dependemos emocionalmente de forma educada. Y nos amamos profunda pero no apasionada-mente. Porque hemos aprendido a relacionarnos de esta manera inteligente y educada. Y ¿qué es aprender?

Aprender es cambiar de actitud ante el mismo estímulo

Lo maravilloso de aprender algo es que
nadie puede arrebatárnoslo.

- B. B. King

Conscientemente, al leer todo esto, puedes decir "Sí. Yo quiero cambiar, quiero aprender y cambiar de actitud ante los mismos estímulos", sean cuales sean éstos. La vida misma es un estímulo.

Pero una parte de ti, dice "¿Qué? ¿Estás bromeando? ¿Cambiar eso? ¡De ninguna manera! Esto es lo que me ha mantenido "a salvo" y en una zona conocida todos estos años. ¡Qué miedo! ¡Noooo!"

De manera que te mantienes en ese comportamiento y te resistes al cambio, por lo menos en el nivel inconsciente y muchas veces también en el consciente. Quiero aclarar una cosa, todos estos malestares que sientes cuando estás en vías de lograr un cambio, no son otra cosa que la resistencia precisamente a eso, a cambiar. Si logramos relajarnos, pagar los precios *y hacer que las cosas sucedan* sería mucho más fácil y responsable.

¿Difícil? ¡Lo difícil es seguir como hasta ahora! ¡Sostener una relación (o muchas, una tras otra y a veces hasta simultáneamente) donde amar es sinónimo de pasarla mal! Date cuenta y reconócelo. Reconócelo porque igual estás pagando el precio. No pretendas engañarte (y menos engañarme) de que todo en tu vida es miel sobre hojuelas.

Todo será más fácil cuando aprendas que las cosas pasan siempre con tu consentimiento. Porque lo eliges. Consciente o inconscientemente, es decir dándote cuenta o no de ello. No hay más. ***Te relacionas mal simplemente porque así lo has elegido hasta ahora creyendo que no era posible relacionarte de otra manera.***

Y si es así, es inútil el resistirse, ya que de todas formas es así. Y que las personas son como ELIGEN ser y que tú no puedes cambiar sino sólo DE TU PIEL HACIA DENTRO.

A la única persona que puedes cambiar en este mundo es a ti mismo. Lo curioso del caso es que cuando aceptas esto como un hecho, acabas con la resistencia, te empiezas a concentrar en ti mismo, en tu educación emocional y como ya aceptaste el hecho de que todos somos diferentes y de que no puedes cambiar a nadie aun cuando veas que está dirigiéndose hacia un barranco, tus relaciones con todos los que te rodean, se modifican para mejor.

De pronto sin comprenderlo, te llevas bien con todos, te pones en los zapatos del otro y comienzas a comprender su situación, su enojo y hasta su agresión sin alterarte.

Por lo tanto, la conclusión es que la única y verdadera solución es lidiar con la resistencia al cambio para que des el brinco y seas consciente de que tú eres lo que son tus elecciones y siempre puedes elegir tu respuesta ante cualquier estímulo.

¿Y cómo puedes estar consciente todo el tiempo de ello? Algunas veces no es fácil. De hecho toma nota por favor, esto es precisamente el problema. Es cuando dejas de tratar de controlar al otro y empiezas a tratar de controlarte a ti mismo cuando la resistencia se hace aún más fuerte.

Ese es el secreto, dejar de controlar la situación del otro y empezar a trabajar *"de adentro hacia afuera".*

Dejar de depender del otro y/o de lo que los otros hacen o dicen y trabajar en cambiar lo único que puedes modificar en tu vida: TÚ MISMO(A).

Cuando entras en la etapa crítica del cambio, lo primero que tienes que hacer es aceptar que te estás resistiendo y te das cuenta de esto cuando sientes incomodidad. E incomodidad es igual a resistencia, siempre. Pero lo que te choca, ¡te checa!

Cuando sientas incomodidad, nótalo conscientemente. "Me estoy sintiendo _____, debo estar resistiéndome al cambio". Lleva un registro escrito preferentemente. Tu síndrome de abstinencia, que es otra característica que ayuda a que se confunda esta forma de relacionarnos con la adicción, es otra más de esas resistencias. Tu cuerpo se resiste a quedarse sin su dotación diaria de adrenalina. Tu cuerpo la necesita. Acéptalo y sigue leyendo.

Luego obsérvate a ti mismo. Toma nota de cómo sientes tu cuerpo, nota tus pensamientos, tus emociones. Solamente observa, como un testigo que no tiene nada que ver contigo, todo lo que te pasa. Percibe todo con curiosidad. Acepta que todo lo que está sucediendo está bien y sólo observa. Si tratas de esta manera a todas las subidas y bajadas que experimentarás durante el cambio, la mayoría de los malestares desaparecerá rápidamente. Aunque si te enfocas en que desaparezcan esto significará más resistencia y no desaparecerán.

Si has sido tenaz y lograste pasar ya la tormenta, notarás como el enojo, la ansiedad, la depresión, el miedo y todo lo demás se presentarán ahora ocasionalmente y con un mínimo de molestias. Y ahora cuando sientas estas pequeñas molestias sabrás que estás resistiéndote a algo en tu vida y podrás tomar cartas en el asunto relajándote y permitiendo el cambio. Es ahora que puedes lograr tus metas y comunicarte mejor con los demás. ¡Se siente uno tan bien! ¡Te lo recomiendo ampliamente!

Entonces ¿Quiénes somos?

Los dependientes afectivos somos personas que aún no hemos aprendido a amar inteligentemente, pero si tienes este libro en tus manos estás a punto de aprender a hacerlo.

Aprender, repito; es cambiar de actitud ante el mismo estímulo. Y no importa si tu biblioteca de autoayuda es más grande que cualquier otra *si lo sabes, pero no lo haces.*

Y con esto no pretendo desmotivarte. Pretendo que te comprometas, más no que te involucres en la lectura de este libro y en practicar lo que aquí te sugiero. Y te prometo que si lo haces, tu cosecha emocional será bien diferente. Porque te repito, no hay atajos para salir de este laberinto. Y no los hay porque esta forma de relacionarnos con los otros sigue un patrón natural. Es como el precio que pagas por tener el cuerpo que deseas. Y no hay forma de que tú hagas la dieta para lograr que yo baje de peso. Si deseo perder peso, *debo hacer la dieta yo misma.* Y al principio, será muy difícil. Como todo patrón emocional o ley natural que se desea romper. Porque el cuerpo, es un sistema natural. Y te prometo, vas a extrañar tu adrenalina. Te vas a relacionar diferente pero las relaciones FUNCIONALES y educadas, te parecerán estables y hasta aburridas. No hay olas. No las hay. Sigue conmigo:

El inicio de todo cambio es bien difícil. ¿Sabías que las naves espaciales queman el 40% del total de combustible que contienen –y que constituyen el combustible total para los días que dure su travesía- en los primeros 40 minutos? ¿Sabes por qué? Pues porque deben romper la Ley de Gravedad. Porque deben actuar en contra de una ley natural.

Y esta forma de relacionarnos "apasionadamente" sigue tanto un patrón natural como un patrón social. El patrón natural porque nacemos dependientes. Y un patrón social porque has visto a la gran mayoría de las personas con las que te relacionas como adulto depender de otros desde que eras niño.

Por eso el proceso no es fácil. Es sencillo, pero no fácil. Porque a veces te vas a sentir como rompiendo una enorme ley de gravedad que te empuja hacia abajo y porque el proceso de empezar a creer en ti y relacionarte con los otros desde otro pedestal seguramente te hará sentir dolor.

Porque elegir dejar de relacionarte de la forma que conoces y practicas desde que tienes memoria seguramente y volar hacia lo desconocido te resultará muy amenazador. Un desafío para el que deberás estar listo. Pero si no eliges pagar este precio hoy, seguramente pagarás muchos y cada vez más altos en el futuro por no cambiar tu forma de relacionarte.

Sólo que los precios que pagarás en el futuro no serán a cambio de elevar tu coeficiente emocional, sino por mantenerlo en el nivel de analfabetismo emocional en el que crece la mayoría de las personas que aman apasionadamente.

Así que si realmente estás dispuesto a modificar tu manera de relacionarte con los otros, prepárate para dejar de elegir a quien has creído amar más que a nadie (tus ex-parejas o tu pareja actual) para ponerte en ese lugar tú mismo.

No es cuestión de sufrir por amor. No es cuestión como muchos autores en el tema afirman, de estar enfermos. Es algo mucho más simple. Y te invito a seguir los pasos para salir del laberinto ya mismo.

¡Continuemos el viaje!

Capítulo 5

TÚ ERES LO QUE SON TUS ELECCIONES

O *"infancia no es destino"*

Cuando debemos hacer una elección y no
la hacemos, esto ya es una elección.
- William James (1842-1910)
Psicólogo y filósofo estadounidense.

E l verdadero problema, es cómo vemos el problema. Y el problema es cómo *aprender a aprender*. Cómo aprender a cambiar de actitud ante el mismo estímulo.

Aprender a dejar atrás los roles que traemos desde que nacimos que aprendimos de nuestra familia de origen. Negarnos a nosotros mismos. Atender las necesidades de los otros. Y de este modo aprendimos a necesitar ser necesitados.

Porque nuestra madre o nuestro padre estaban demasiado ausentes o enfermos física o emocionalmente para cumplir con su función.

O porque tal vez asumimos el rol de hijo parental debido a que cuidamos tanto al progenitor que nos quedaba cerca o a nuestros hermanos. O tal vez nos convertimos en la madre o el padre ausente mientras éste trabajaba para mantenernos.

Quizá fue que tu madre –o padre- eran tan profundamente infelices con el otro que nos convirtieron en sus confidentes, escuchando todas las cosas malas que uno le hacía al otro y esto era demasiada carga para el niño(a) que éramos.

Escuchábamos por temor a las consecuencias que podrían ocurrirle al progenitor que tanto sufría si no lo hacíamos, pues no podíamos elegir no hacerlo. Teníamos un miedo constante de perder el amor de ellos si no cumplíamos con el feo rol que ellos nos daban, y que definitivamente no nos correspondía.

Pero nada pudimos hacer. No nos protegimos, pues éramos unos niños, y a ellos, nuestros padres, a quienes sí les correspondía hacerlo tampoco lo hicieron. Muchos de ellos "se colgaban" de nosotros y si bien no teníamos la capacidad de hacerlo, terminamos protegiéndolos a ellos. Gracias a esto, aprendimos siendo bien niños aún a cuidar de otros, menos a nosotros mismos.

Nuestra propia necesidad de amor, de aprobación, de respeto, de cariño de seguridad y de protección quedó absolutamente insatisfecha. Todo esto mientras fingíamos que todo estaba bien. Mientras nos alejábamos de lo que sentíamos. Aprendimos a negarnos a nosotros mismos. Y uno siempre busca lo conocido. Crecimos buscando lo que aprendimos. Lo que además sabíamos hacer tan bien: Satisfacer las necesidades de otros y negar las nuestras. Fingiendo que nada nos duele. Fingiendo que nada necesitamos.

Cuando fuimos niños, fueron las circunstancias las que nos obligaron a actuar así. Y actuamos (no elegimos) en función de éstas. Y cambiar implica que debemos ver el problema de manera diametralmente distinta. Porque ya no somos los niños desvalidos y desprotegidos que éramos entonces. El problema es que aunque todo esto nos ocurre, no nos damos cuenta conscientemente.

La historia de Miriam me ayudará mucho a ejemplificarte esto. El día que la conocí, yo terminaba una conferencia en una Universidad de la Ciudad de México. Ella estaba estudiando la Licenciatura en Enfermería en ese campus universitario.

Menuda, de naricita respingona y con pómulos angulosos. Su cabello liso y profundamente negro la hacían verse aún más pálida y ojerosa. Había esperado un largo tiempo mientras yo conversaba con un grupo de académicos sobre la conferencia al término de la misma. Tal como me ocurre siempre que doy este tema en mis conferencias, varias personas prefieren esperar al final de la sesión de "preguntas y respuestas" debido a que prefieren confidencialidad en la respuesta ante las preguntas que me hacen.

Se acercó a mí y me abrazó. Yo pude percatarme de su extrema delgadez. Empezó a llorar y me dijo: "Ud. Tiene que ayudarme. ¡Tiene que ayudarme!".

Para darle oportunidad de hablar le pedí que me acompañara al vehículo donde un chofer me esperaba para conducirme de nuevo al Centro VivirLibre.org, donde un paciente me esperaba en 90 minutos.

Caminamos por un sendero bien lindo de la Universidad.

De repente se detuvo y me dijo:

-"Mi mamá no es alcohólica. Pero por lo que escuché en la conferencia, se comporta como si lo fuera. Siempre está deprimida. La llevo frecuentemente al hospital y a veces se interna por tiempo."

Siguió hablando:

-Ud. dijo que los hijos de alcohólicos o de otros hogares disfuncionales con frecuencia eligen lo conocido. Y esto se aplica a mi esposo: Gustavo. A él no le gusta beber ni drogarse, gracias a Dios. Pero no estamos bien. El papá de "mi Gus" fue alcohólico. Y él me ha dejado en varias ocasiones. Ya van 3 veces que me deja y regresa. Acaba de irse de nuevo. Tenemos 2 niños. Una de 4 y otro de año y medio. Yo trabajo y estudio, y Gus cuida a los niños cuando no está con sus amigos. Él no trabaja. Nos casamos cuando yo tenía 17 años porque estábamos embarazados. Nos fuimos a vivir con su mamá y yo la pasé todo mi embarazo cocinando y haciendo quehacer en su casa. Gustavo no quiere admitirlo, pero sé que tiene otra mujer.

Sacó de su bolso las fotos de sus niños. Hermosos. Le pregunté: ¿Cómo quieres que te ayude? A lo que ella contestó:

-El problema no es Gustavo. Es su mamá. Siempre se mete. Ella no quiere que nos mudemos. Siempre manipula a Gus. Además ella sabe que me engaña con otra mujer y lo acepta, me han dicho que ella ha admitido a la mujer con la que Gus me engaña en la casa cuando estoy trabajando. Toda la culpa es de su mamá. Esa muchacha era la novia de Gus antes de que nos casáramos. Yo quiero que me ayude a que mi suegra cambie.

A lo que yo contesté:

-Miriam... No creo que eso sea muy probable.

Ella contestó:

-Estoy segura que si ella lo deja mudarse conmigo a otro lugar él cambiará. Aunque sé que esa mujer que era su novia realmente no lo ha dejado nunca. Sé de ella desde mi primer embarazo. Y no culpo a

Gustavo. Es que yo estuve muy mal casi durante todo el embarazo. No podíamos tener relaciones sexuales. Me lo prohibió el médico.

Era sorprendente. Miriam asumía casi toda la culpa por la infidelidad de Gustavo. Le pregunté si alguna vez había pensado en divorciarse.

-Sí, de hecho nos hemos separado ya 3 veces. Una vez le dije que ya quería divorciarme, nada más para que se asustara, y no me tocó en 6 meses. Yo me quedé en mi cuarto pero él se fue a la "casa grande donde está su mamá" que es en el mismo terreno pero no venía nunca a mi cuarto. Yo sólo le enviaba dinero con mi hijita. Porque él no ha tenido trabajo. La verdad que mi jefe en esa época me quería ayudar. Hasta una vez salimos con los niños y me los trataba muy bien. Él me dijo que si quería me ayudaba para que yo rentara un lugar mejor y me fuera de la casa de mi suegra pero la verdad yo no quise.

Yo le interrumpí:

-¿Y por qué no quisiste? ¡Si parecía que él se "interesaba bien" por ti!

A lo que Miriam me contestó:

-Nunca he podido sentir por nadie lo que siento por Gus.

Le pregunté:

-¿Qué recuerdas de tu infancia?

A lo que ella contestó riéndose:

-Me veo con un banquito en la cocina, porque no alcanzaba el fregadero o la estufa todavía. Le ayudaba a mi mamá. Lavaba trastes y cocinaba desde los 6 años. Mi mamá siempre estaba enferma. Enferma o deprimida. Mi papá la dejó cuando yo tenía 5 años. Tenía a otra mujer. Luego él volvió a casarse con esa mujer cuando yo tenía

6. Me iba con él en las vacaciones. Su esposa era buena conmigo. Tienen una niña que yo cuidaba también. Y también ayudaba en la casa de mi papá.

Ya casi llegábamos al auto. Y yo tenía consulta en 30 minutos. Le pregunté:

-Miriam, ¿ves algún parecido entre tu infancia y ahora?

Miriam se rió, un tanto incómoda.

-Hasta ahora no lo había visto. Ahora me estoy dando cuenta. Veo que disculpo a Gus como a mi papá. Que hago el quehacer aunque no me corresponda en casa de mi suegra. Como en la casa de mi papá y en mi casa. Y veo de nuevo a Miriam siendo la buena, la que no se queja. La que atiende a los niños sola.

Y completó:

-Es cierto. Es cierto lo que Ud. dijo en su confe. Buscamos personas con quienes podamos actuar como cuando éramos niños.

Estábamos frente al auto que me conduciría al CVL. Al despedirnos, Miriam me abrazó con mucha fuerza (y también yo a ella) y dijo:

-Gracias por escucharme. Creo que sólo necesitaba hablar de esto para darme cuenta. Y lo entiendo. Aunque no sé cómo voy a hacer para salir de esto. Además: Gus sólo tiene que acompañarme al Centro donde Ud. Está. Él también necesitará cambiar, ¿no cree?

Sin esperar mi respuesta, dio media vuelta y corrió sobre el mismo sendero universitario.

Todo aquello que no controlamos en

nuestra vida, nos controla.

- Gabriela Torres de Moroso Bussetti

Realmente, aunque Miriam hubiera incrementado su nivel de "darse cuenta", siguen existiendo muchas elecciones que ella hace sin "darse cuenta".

Los esfuerzos titánicos de ella desde niña para ser reconocida, encargándose de las casas de su madre o de su padre, que sólo se veían recompensados con lo más cercano al amor que ella experimentaría: la agradecida dependencia de su madre, su madrastra y su padre hacia ella.

¡Qué difícil para un niño ser tratada como alguien más fuerte que sus padres e indispensable para ellos por la ayuda que brinda y no por el amor que ellos le prodigan!

Miriam creció como una gran "rescatadora" que siempre podía enfrentarse con las más fuertes adversidades, rescatando a sus padres y hermanos menores. Hasta hoy, al estudiar enfermería está profesionalizando su vocación de rescatadora.

Y que quede claro. Si bien es muy admirable ser fuerte ante las adversidades, Miriam NECESITABA una situación de caos y crisis para funcionar. Sin problemas, sin alborotos, su depresión y su dolor de infancia (latentes desde su infancia) emergerían irremediablemente sumiéndola en una gran depresión como a su madre años atrás. Desde niña, Miriam fue la madre de su madre y sus hermanos. Pero ella también era una niña que necesitaba a sus padres, y dado que su padre era demasiado alejado de ella sus necesidades quedaron insatisfechas. Sus hermanos tenían a Miriam para hacerse cargo de ellos. Para regañarlos. Para cuidarlos. Miriam no tenía a nadie. No sólo le faltaba su madre, también tuvo que aprender a pensar y sentir como un adulto. No había ni tiempo ni posibilidad de expresar su propio miedo, sus propias necesidades. Al paso del tiempo, a ella le pareció que esto era lo correcto. Pero tenía el mapa equivocado. Pronto, Miriam no sólo funcionaba muy bien en las situaciones de crisis. Las necesitaba.

Necesitaba adrenalina. La necesitaba para evitar su propio dolor y su depresión.

Más allá, su autoestima estaba basada en todo lo que ella cargaba. Si ella no cargaba, no valía. Ganaba aprobación trabajando duro, sin quejarse. Sacrificando sus propias necesidades. Debido a las desafortunadamente frecuentes circunstancias de su niñez, lo que para ella habría sido una crisis se convirtió en lo normal.

Aquí es conveniente hacer un breve repaso de algunos aspectos importantes del desarrollo infantil con el fin de entender mejor la dinámica de la vida emocional de Miriam.

Como lo indica la teoría psicoanalítica, todo niño desea ser amado y aceptado por el progenitor del sexo opuesto. Los varoncitos, desean ser el esposo de su mami y las nenas de su papi. Cuando por alguna disfuncionalidad el padre o la madre no asumen bien su función, el hijo o la hija del sexo opuesto sufre algo siniestro. Un incesto. Pero no un incesto sexual, sino uno que daña tanto como este último, pero del cual no somos conscientes y casi nunca pedimos ayuda como suele suceder en el incesto sexual. Sufre un incesto emocional. Sí.

Gracias a la incapacidad emocional de su madre, Miriam no logró desvincular a su padre como "su pareja" al menos en el rol de sustituir a la madre para la crianza de sus hermanos y en las labores domésticas. Ella era la "señora" de la casa a sus 6 añitos. Durante los años en que su identidad personal estaba en desarrollo, ella fue, al menos en estos dos aspectos la compañera de su padre más que su hija.

Pero debido a que el padre se va con su amante, y luego la convierte en su esposa, Miriam asume el rol de "esposa" abandonada y se hace cargo de sus hermanitos como su fuesen sus hijos. Además, durante muchos años ella ha sido más fuerte y estable que su madre.

Y así como en su infancia ella también cuidó de los hijos "de la mujer con la que su padre la engañaba" o sea la segunda esposa de éste, es altamente probable que si Miriam no se educa a nivel emocional acabe cuidando a los hijos de "Gus" con la novia que tuvo antes de que ellos se conocieran.

Finalmente, Miriam actuaba así por al menos 3 "razones":

1. Baja autoestima: Ella no era como sus hermanos. Ella tenía que ganar el afecto y el amor de sus padres haciendo cosas que no le correspondían a una niña de su edad. Por tanto, ella no valía tanto como sus hermanos.

2. Culpa: Culpa de ser la sustituta de mamá. Finalmente, ella tenía una relación incestuosa con el padre, aunque –por fortuna- sólo a nivel emocional.

3. Por otro lado, una compulsión inconsciente por repetir el rol que la madre no logró: Quedarse con "el hombre" que la engaña. Ganarlo para ella.

La forma principal en la que Miriam se relacionaba con Gustavo era haciéndose cargo de él. Era lo conocido por ella como amor. Este era su paradigma del amor. Si te amo, me hago responsable de ti. No importa que tú no me atiendas. La infidelidad de Gustavo sólo era otro reflejo recreado de su infancia. Así como con su madre y la segunda esposa de su padre, a quien Miriam veía como las "otras mujeres" en la vida de su padre, su suegra y la novia de Gustavo eran también "las otras mujeres" en su vida en la actualidad y otro reflejo claro para ella. Y al igual que con su padre, ella vivía una relación donde la sexualidad no era una práctica común. Gustavo apenas se acercaba a ella. Antes de casarse, Gustavo tenía a la novia anterior también con él, al tiempo que permitía que Miriam se ocupada de la casa. Mientras él ejercía su sexualidad con la ex novia, debido a que Miriam no podía tener relaciones en su embarazo. Miriam lo sabía y al igual que con su padre, lo pasaba por alto.

Después de casados, ella dio inicio a un desafío personal más difícil que cualquiera de los que había enfrentado en sus primeros 17 años: Cambiar a Gustavo. ¿Cómo? Mediante su amor. Y esto nos lleva al nivel más profundo de la inconsciencia de Miriam: El creer que el amor, lo puede todo. El mapa incorrecto. La fantasía mágica de cualquier niño que cree tener un poder mágico. En una familia funcional, aunque el varoncito desea a su madre para él o la niña a su padre para ella, la presencia del progenitor del mismo género le muestra que esto no es posible. Le guste o no, deberá aceptar que no puede ser la pareja del progenitor del género complementario. Que la pareja de su padre es su madre. Un gran aprendizaje que aporta una familia funcional. Aprender que no siempre podemos lograr lo que deseamos. Tolerar la frustración.

Pero desafortunadamente, en el caso de Miriam el deseo SÍ se cumplió. En muchos aspectos ella sí reemplazó a su madre. Ella pudo hacer realidad su fantasía. Ganó a su padre (aunque por un brevísimo periodo de tiempo) para sí misma. Los desafíos que más tarde la vida le obligó a vivir, como un marido infiel e irresponsable, la carga de criar a los dos niños virtualmente sola (como a sus dos hermanitos), severos problemas económicos y un exigente programa de estudios y trabajo, aunque de medio tiempo, fueron prueba de su gran capacidad.

Gustavo le proporcionó a Miriam un paradigma perfecto y conocido para ella de lo que es el amor. A "éste" sí lo podría cambiar y ganarlo para ella sola. Cosa que no pudo ser con su padre. Le ganaría la partida a "las otras". Gustavo le ofrecía el escenario ideal para reproducir de nuevo el desafío contra el que no pudo en su infancia... en el hecho de que le daba amplias oportunidades de sufrir y soportar, y de evitar la sexualidad mientras ella hacía lo que siempre había hecho tan bien: atender, cuidar, limpiar, y ver por su familia. Ella quería que yo la ayudara a cambiar a su suegra, pero no a ella misma. El cuadro no podría estar más completo.

A esta altura, creo que debe estar más que claro que Miriam no era de ninguna manera una víctima infortunada de un hombre desalmado. Todo lo contrario. "Gus" satisfacía toda su necesidad de ser necesitada.

Era su pareja perfecta. Una pareja bien pareja. El hecho de que la madre de Gustavo le permitiera a su hijo no cambiar y no crecer, era realmente un problema más entre muchos otros para ese matrimonio, pero no como pretendía Miriam, EL problema.

Lo que en verdad no funcionaba era que Miriam y Gustavo eran una pareja de ignorantes emocionales. Cuyos paradigmas de vida si bien no eran de ningún modo idénticos, se complementaban tan bien que, de hecho, se incapacitaban mutuamente para seguir siendo profundamente infelices.

> *En la pista de baile, como en la vida, uno*
> *es tan bueno como su pareja.*
> *- Robin Marantz Hening*

Imaginemos a los dos, Miriam y Gustavo, como bailarines en un mundo en el que todos bailan y crecen aprendiendo sus rutinas de baile individualmente, guiados por sus maestros. Debido a esto, cada uno aprendió pasos emocionales únicos. Un buen día ambos van a una pista de baile.

Se invitan a la pista y descubren que sus estilos únicos se sincronizaban a la perfección. Un perfecto *pax de deux* que no es más que una *folie de deux** de acción y reacción. A cada paso de uno, venía el contrapaso del otro, lo cual permitía una coreografía perfecta. Cada de Gustavo

---

* *El Trastorno psicótico compartido o folie à deux (literalmente "locura compartida por dos") es un raro síndrome psiquiátrico en el que un síntoma de psicosis (particularmente una creencia paranoica o delirante) es transmitida de un individuo a otro. El mismo síndrome compartido*

dejaba de ser responsable en algo, Miriam se apresuraba para asumir esa responsabilidad. Aún cuando ella podría muy bien hacerse cargo de ella y sus dos niños, puesto que en la práctica lo hacía y muy bien, él daba un salto espectacular seguido por una gran pirueta, dejando a ella el espacio libre para entrar a la pista. Cuando él invitaba a otra bailarina al escenario, ella suspiraba con alivio y apresuraba el paso de su tonada para distraerse y dejarlo brillar en el escenario, mientras ella giraba y giraba.

Esto para Miriam era un baile excitante, pero a menudo solitario. A veces resultaba desafiante y todo el tiempo era agotador. Pero lo último que deseaba era que la música se detuviera o cambiara de ritmo. Al fin y al cabo, era un baile que conocía (y que bailaba) a la perfección. Ese baile que ella solía llamar "amor verdadero". Un mapa incorrecto. Que siempre la conducía al lugar incorrecto aunque ella pusiera tanto empeño en seguirlo tan bien.

¿Pero cómo es que si hemos sufrido tanto de niños no nos damos cuenta que estamos buscando lo mismo? ¿Cómo es que un hombre que tuvo una madre sufrida y abnegada se casa con una mujer igual? ¿Cómo es que una mujer que tuvo un padre ausente y frío emocionalmente acaba casada con un hombre igual? ¿Cómo termina un hombre que siempre cuidó a su madre haciéndose cargo de otra mujer que necesita cariño y cuidado siempre? ¿Cómo puede ser que una niña que vivió en su padre (o en su abuelo materno como fue mi caso) los efectos del alcoholismo se case con un hombre que es alcohólico?

De todas las posibilidades que existen de formar una pareja, ¿por qué elegimos parejas con quienes podamos perpetuar el baile que hemos aprendido tan bien?

---

por más de dos personas puede llamarse *folie à trois, folie à quatre, folie à famille* o incluso *folie à plusieurs (locura de muchos).*

Y lo que es más siniestro: ¿Cómo es que nos alejamos de aquellas posibles parejas que bailan diferente a nosotros? Y cuando nos encontramos con un hombre o mujer menos ignorantes emocionales, más maduros, más responsables y menos dependientes y necesitados, ¿qué nos aleja de esas posibles parejas?

Porque uno busca inconscientemente lo conocido. Porque buscamos personas con las que podamos recrear las situaciones emocionales conocidas por nosotros. Personas que nos hagan sentir lo mismo y enfrentar los mismos desafíos que teníamos frente a nosotros desde nuestra infancia. Y finalmente, nuestros padres produjeron todas estas situaciones de crisis. Pero al mismo tiempo, los niños creen que sus padres los aman profundamente. Y para la gran mayoría esto es cierto. Luego entonces, ¿qué concluimos?

Que quien bien nos quiere, nos maltrata. Nos hará sufrir. O al menos, eso dice el refrán ¿no? La primera vez que una situación nos produjo dolor, fue cuando éramos niños. Y relacionado con nuestros padres. Ahí empezamos a vincular el amor, con el dolor. Ahí fue donde el mapa empezó a ir mal.

Pero todo esto pasó sin que nos diéramos cuenta. Y empezamos por acostumbrarnos a situaciones caóticas. Y a llamarlas "amor". Y buscamos la pareja ideal para bailar el baile que ya es para nosotros bien conocido.

Esa persona que nos complementa y nos ayuda a hacer piruetas emocionales. ¡Y parece que bailamos tan bien!

Si además de la música perfecta, ese hombre o mujer ofrecen la oportunidad de recrear el dolor de infancia nunca superado, resulta irresistible para nosotros no aceptar esa invitación a la pista. Analicemos esto más detenidamente.

Si un niño ha sido expuesto a un dolor, éste niño o niña buscarán en la adolescencia y la adultez buscar la situación ideal para repetirlo y superarlo.

Y entonces, sucede. Un mapa errado encuentra otro errado también, pero tan complementario que parecen dos piezas del mismo rompecabezas. Los patrones emocionales disfuncionales de uno bailan a la perfección con los del otro.

Un ejemplo más: La historia de Ana. Llegó un día a uno de mis grupos psicoterapéuticos "Aprendiendo a amar de nuevo" en el CVL para empezar con su educación emocional. Como muchas de las personas que asisten, después de esa primera sesión y elegirme como su terapeuta, vienen a una sesión individual conmigo, para contarme el problema que las hizo buscar ayuda. Ana es una joven de tez apiñonada, ojos castaños y una sonrisa clara y contundente, que esconde muy bien lo que ocurre en su interior. De cabello castaño y rizado y de complexión delgada. Con apenas 33 años. Y también había profesionalizado su dependencia emocional: Era psicóloga.

Después de saludarnos breve pero muy cálidamente, ella empezó a narrar su historia:

-Llegué a tu página de vivir libre (www.vivirlibre.org) porque estoy separada de mi esposo. Tengo 2 hijos con él y una más que tuve cuando tenía 17 años. Fui madre soltera. Mi esposo es alcohólico y ya no quiere vivir conmigo. Yo no puedo tolerar que me deje después de 10 años de casados. Me siento perdida y muy sola.

Después de un breve silencio, continuó:

-Jesús me lleva 8 años. Lo conocí gracias a una amiga de la infancia que era mi vecina y que estudió la universidad con él. Nos conocimos en su boda. Pero fue 8 meses después que nos volvimos a ver y empezamos a salir. Todo iba muy bien, me salió la oportunidad de que me dieran una casa por mi trabajo y entonces nos casamos. Yo tenía 22 años. Fue hasta nuestra luna de miel que él me confesó tener "problemas con el

etílico". Cuando se dio cuenta de que yo no entendía qué era el etílico, me dijo: "Milito en un grupo de AA". Yo no supe qué hacer. ¡Me había casado con un alcohólico!!! Y entonces empezaron a tomar forma cosas, como por ejemplo que un día que Jesús me llevó a casa de sus amigos a una reunión, le ofrecieron una copa y él dijo "No, gracias" y ante la contestación una de sus amigas me dijo: "No te confíes de Chuy ¿eh? No le creas que no bebe, pues se bebe hasta el agua del WC".

Ella prosiguió con su relato:

-Durante los primeros 4 años de nuestro matrimonio padecí mucho porque Jesús asistía a juntas de Alcohólicos Anónimos frecuentemente y a mí me avergonzaba profundamente eso. Su carácter era esquivo y evasivo, y su desempeño sexual era además malo e infrecuente. Sufre eyaculación precoz. Siempre la ha padecido. No sé por qué lo extraño tanto si la verdad no estábamos bien casi nunca. Además, desde los primeros meses de nuestro matrimonio supe que era infiel. Me llamó alguien de su oficina para decirme que me engañaba con Noemí. Una compañera de su trabajo. Pero esa apenas fue la primera de sus infidelidades. Realmente no sé por qué estoy tan mal. Sé que estoy mejor sin él pero no puedo estar sin él. Es que me duele que mis niños crezcan en un hogar sin un papá. Como a mi primera hija ya la dejé sin eso, no quiero que les ocurra a mis otros dos niños. Además, si Jesús que me conoció sólo con una hija y es alcohólico e infiel YA NO ME QUIERE, ¿quién que no sea alcohólico me va a querer con tres hijos?

Su razonamiento parecía muy lógico. ¿No? Y entonces le pregunté sobre su infancia. Ana me contó:

– Mi madre es hija de un alcohólico. Su madre murió cuando ella nació. Desde pequeña ella tuvo que hacerse cargo de sus once hermanos, producto del matrimonio de su padre con su nueva esposa. Una mujer

apenas 10 años mayor que la madre de Ana. Mi madre cuenta que mi abuelo llegaba borracho y las golpeaba a su madrastra y a ella. Mi mamá se hacía cargo del quehacer y el cuidado de sus hermanos desde pequeñita debido a que su madrastra trabajaba en el taller de fundición del marido y dejaba a los niños a cargo de la madre de Ana, cuando ella apenas podía sostener el peso de alguno de los niños debido a que tenía un hermanito enfermo a causa de fiebres mal tratadas que le provocaron algo así como un retraso mental.

– Mi madre cuenta que mi abuelo la castigaba poniéndola sobre un montón de arena para construcción cada que ella reprobaba un año escolar, que la golpeaba con una cuerda mojada y que la hizo trabajar desde los 12 años para que contribuyera con los ingresos de la casa. También padeció abuso sexual por parte de un tío de ella. La verdad que la historia de mi madre es muy triste.

Prosiguió:

– Hasta que se casó a los 19 años con mi padre. Sólo que aunque mi padre no la golpeaba, siempre estaba de viaje trabajando. Mi mamá se hizo cargo de nosotros siempre, aunque a veces nos hospitalizaban, pero mi papá nunca estaba. Y yo también sufrí abuso sexual. Mi mamá es una mujer muy violenta. La primera vez que le dije que me habían abusado me pegó. Y desde entonces, no dije más nada. Sufrí varios abusos sexuales más de diferentes personas. Pero no comenté más nada. Y cuando tuve mi primer novio, Alejandro, a pesar que me pidió tener relaciones desde que empezamos nuestro noviazgo y que yo me negué muchas veces, finalmente fui yo la que le dijo que sí tendría relaciones con él con tal de que no me dejara. A los 16 años estaba embarazada y él dijo que mi hija no era de él. Mi mamá aceptó que me quedara con mi hija pero cuando me casé con Jesús no quiso dármela. A pesar de que la niña quería venir conmigo ella no me la dejó. Hemos tenido muchos problemas con eso pero después de que

mi mamá le dijo a Jesús que mi hija "no le iba a decir papá a cualquiera"
Jesús no accedió a que yo me trajera a mi hija por muchos años, y cuando
accedió, mi mamá no quiso entregármela otra vez.

Finalmente hace menos de un año Jesús empezó a beber
nuevamente por petición mía. Yo le aseguré que después de tantos años
sin beber y sin ir a un grupo AA, seguro que podría manejarlo. Jesús
accedió inmediatamente. Tiempo después me confesó que él ya había
empezado a beber como 6 meses antes. Tuvo dos o tres accidentes en la
madrugada por conducir ebrio. Empezamos a tener problemas fuertes
porque él quería salir y beber sin que yo lo acompañara. Llegaba en la
madrugada. ¡Y al otro día se portaba tan lindo! Poco tiempo después
Jesús empezó a estar deprimido y fue a una psicóloga quien le pidió
que me mostrara sus análisis. Tenía una enfermedad de transmisión
sexual. Yo tuve que hacerme análisis también. Por fortuna salí bien.
Jesús estuvo tomando medicina por meses, pero antes de 6 meses de
nuevo "le pasó". Y cuando fui a ver a un tío que es médico me dijo
que definitivamente Jesús estaba enfermo, enfermo de alcoholismo, y
que quizá por eso dejaría huérfanos a mis hijos, porque cuando Jesús
bebía "se metía con lo que tuviera enfrente" pero que yo estaba tanto
o más enferma que mi marido, porque también estaba exponiendo mi
vida y que mis hijos podrían quedar huérfanos también por tener una
mamá que se exponía a contraer una enfermedad como el SIDA que los
dejara sin mí. Ahora Jesús se ha ido. Me dijo que si volvía a "fallarme"
sólo iba a verlo haciendo sus maletas y se iría. Así que seguro "volvió
a pasar". Aunque yo hasta le rogué de rodillas que no nos dejara. Que
lo perdonaría. Pero no quiso quedarse.

El llanto la ahogaba.

    – *Es por eso que empecé a buscar ayuda en internet y llegué a tu*
página. Por eso estoy aquí.

Es obvio que para Ana, Jesús representaba la clase de desafío que había conocido. Por consiguiente, con quien ella se sentía más cómoda. Pero también es obvio que a pesar de ser psicóloga, ella fue incapaz de *reconocer lo que le atraía* de Jesús. De haber existido ese reconocimiento, esa comprensión, ella habría podido HACER UNA ELECCIÓN MÁS CONSCIENTE respecto a entrar o no en una situación que constituía tal desafío. Podría hacer dicho: "Aquí se acaba la luna de miel" y listo. Sin embargo, a todas las mujeres de las que he hablado les ocurrió lo mismo. NO HICIERON CONSCIENTE LO INCONSCIENTE. Por tanto, no eligieron conscientemente. Y esa fue toda la diferencia. Lo demás, es lo de menos.

Son codependientes (o co-adictos) aquellas personas que han vivido con alcohólicos, drogadictos, jugadores, comedores compulsivos, fanáticos del trabajo, del sexo, criminales, adolescentes en rebelión, neuróticos u hombres violentos durante algún tiempo prolongado.

LA DEPENDENCIA ES UNA MANERA DE SATISFACER NUESTRAS NECESIDADES QUE NO SATISFACE NUESTRAS NECESIDADES.

Se hacen cosas incorrectas por los motivos incorrectos. ¿Se puede cambiar? ¿Se aprenden conductas más educadas emocionalmente hablando?

Cuando tú cambias lo que tú piensas, tú cambias lo que tú haces. Y puedes aprender a hacer las cosas de otra manera. Se puede cambiar. Dar una respuesta diferente al mismo estímulo. La mayoría de la gente quiere estar sana y vivir sus vidas lo mejor posible. Pero no saben actuar de otra manera. No saben qué hacer. La mayoría de los dependientes emocionales y de los co-adictos o codependientes han estado ocupados respondiendo a los problemas de otras personas y no han tenido tiempo para ocuparse de sus propios problemas.

Ahora hablemos desde la otra parte, ¿qué pasó con Jesús? Algo que Ana me dijo un rato después es que Jesús había dejado de beber 4 días antes de encontrarla nuevamente, 8 meses después de la boda de su amiga. Apenas 4 días. Quizá Jesús, adicto al fin, sustituyó una droga por otra.

Finalmente, Ana podía parecerle un respiro en su carrera hacia la autodestrucción. DURANTE UN TIEMPO, parecía que ella podría alejarlo de los estragos del alcoholismo. Que sería capaz de alejarlo de sus terribles fantasmas. La actitud aparentemente protectora (pero realmente controladora) de ella en realidad sirvió para prolongar el tiempo en que Jesús años después pudo reiniciar su actividad alcohólica prolongando las consecuencias: al protegerlo, reconfortarlo y brindarle una familia que Jesús nunca había tenido, siendo hijo de una madre casi cuarentona y soltera que "sólo había buscado un hombre guapo porque no quería encargarse de atender a un hombre y sólo quería tener un hijo para no sentirse sola".

Un adicto no busca quien lo ayude,
busca a alguien con quien pueda seguir enfermo.
- Gabriela Torres de Moroso Bussetti

Ana fue perfecta por unos años, hasta que Jesús enfermó tanto que ni siquiera ella pudo deshacer el nudo que él estaba haciendo. Básicamente, un adicto no se ama. Es incapaz de amar. Y Ana le pedía "peras al olmo".

Además, cuando una persona ha estado por un largo periodo de tiempo ingiriendo alcohol o drogas y luego deja de hacerlo, puede pasar incluso un año para que la química de su cuerpo se corrija y esa persona pueda responder sexualmente de forma normal. Lo contrario también puede darse. Se puede desarrollar un impulso sexual excepcionalmente intenso en el adicto recién recuperado, quizá debido a un desequilibrio hormonal. O bien la razón puede ser de origen emocional.

De cualquier forma, la recuperación de la adicción y la co-dependencia (o co-adicción) que padecía Ana es un proceso extremadamente difícil. Aunque sus pasos y ritmos combinaran tan bien.

Para sobrevivir como pareja en ausencia de una adicción activa, deben aprender a recorrer su propio camino cada uno y ser sostenidos por sus propios pies. Cada uno debía mirar hacia adentro y abrir lo que por tantos años trataron de evitar bailando juntos.

Capítulo 6

APRENDIENDO A VIVIR LIBRE

El hombre está condenado a ser libre.

- Jean Paul Sartre

mpecemos por saber dónde estamos. Nos guste o no, estamos en una situación que es descrita por diversos autores del tema como "enfermiza y siempre oscura que, aunque quiera ser justificada por miles de argumentos termina conduciendo irremediablemente a la conducta inmadura e irresponsable de los que no se hacen cargo de su vida". De aquellos que no son responsables.

Nos guste o no. En esto estoy de acuerdo al cien. Pero en lo que disiento profundamente es en afirmar que quienes "padecen" esta condición no tienen la capacidad ni la posibilidad de hacerlo de otra manera.

Porque claro que tenemos otra manera, y eso es precisamente el inicio del viaje. El reconocer lo que hacemos plenamente. Sólo si aceptamos el problema tenemos la posibilidad de modificarlo.

El verdadero problema, es cómo vemos el problema. Conozcamos más nuestro "problema": La dependencia emocional o afectiva.

Viendo nuestro problema

La dependencia afectiva o emocional es la incapacidad de vivir la propia vida, es un acto de anulación psicológica en la medida que el amor propio, el autorrespeto y la propia esencia son regalados a otra persona con la creencia de que ésta es más importante y valiosa que una misma. Hay una rendición ante el otro orientada por el miedo a la pérdida, a la soledad y al abandono.

La dependencia al afecto y a la aprobación tiene las características de cualquier otra dependencia, igual que la adicción a una sustancia, solo que en este caso la dependencia es únicamente psicológica, y es igual a la necesidad de tener a alguien para siempre.

Haciendo un repaso, las características de la dependencia afectiva son:

1. Aumento a la tolerancia: en una relación dependiente el malestar es una de las señales importantes, sea cual sea la razón para no sentirse bien es una condición que no solo se va aceptando sino que poco a poco se va tolerando más, sin darse cuenta las personas llegan incluso a rebasar sus propios límites en relación a la intranquilidad emocional.

2. Presencia de síndrome de abstinencia: se hace sumamente necesario tener la seguridad que la pareja nunca se ira de nuestro lado, por lo que se está dispuesto a hacer cualquier cosa para evitarlo, las ausencias de la pareja se viven como abandono y se entra en un círculo de sufrimiento, cuando la pareja no esta es como si faltara la droga.

3. Deseo de parar el consumo: el sufrimiento constante por la sensación de pérdida de la pareja, con razón o no, hacen que en algún momento se tenga el deseo de terminar de una vez

por todas con esa relación con la fantasía de que así cesará el sufrimiento.

4. Intentos infructuosos por parar: los intentos por supuesto resultan infructuosos y poco contundentes, pues la falta de la pareja provoca que la persona contacte con su sensación de abandono, sensación que no puede tolerar por lo que se recurre nuevamente sin darse cuenta a la misma situación.

5. Afección en otras áreas: casi imperceptiblemente van alterándose otras áreas de la vida, el desequilibrio emocional en el que se cae en una dependencia afectiva, llega a desajustar el desarrollo social, laboral, familiar, etc.

6. Incapacidad de elegir: A pesar de estar consciente de las consecuencias que se viven por la dependencia *no se puede* dar fin a la relación.

7. Las personas dependientes no se sienten preparadas para admitir la pérdida puesto que viven la relación como su fuente de seguridad, lo que fortalece la incapacidad de renunciar a ella.

8. Tienen en el fondo el afán inconsciente de que sea la pareja quien proporcione la estructura interna de la cual carece. Esta falta de estructura tiene que ver con las experiencias vividas en la más temprana infancia dentro del seno familiar, los padres no pudieron cubrir las necesidades básicas requeridas para que la persona lograra un desarrollo emocional sano, generalmente son familias negadoras de las situaciones conflictivas o simplemente de las necesidades de sus miembros en todos los sentidos.

9. Generalmente, la comunicación entre los miembros es débil y poco suficiente, no se expresan los sentimientos y por lo tanto no se establecen redes afectivas de contención, la ausencia de

límites es otra de las características y de haberlos, son límites débiles que no resultan suficientes para sentir que la familia puede responder por sus miembros y darles seguridad, hay un enojo contenido por la misma desestructura familiar.

10. Los roles están alterados, los padres no responden como tales y generalmente alguno de los hijos toma este rol por lo que los padres se viven como frágiles y vulnerables, esta última es una situación de desventaja y riesgo para cualquier persona sobre todo en la infancia que es el periodo en donde de manera natural se es dependiente, se requiere de la ayuda de los padres para el crecimiento y el desarrollo de las potencialidades que en el futuro nos harán sentir seguros e independientes en todas las áreas de la vida.

Es esta la base de las relaciones de dependencia, el esquema principal es el sentirse incapaz de hacerse cargo de sí mismo, se busca entonces alguien que se haga responsable de la persona, la motivación es obtener seguridad y protección para enfrentar una realidad que se percibe amenazante, la experiencia y el sufrimiento enseñaran que esto es una fantasía, pues nadie puede hacerse cargo de nuestras necesidades, excepto nosotros mismos.

ncontrando el mapa correcto

> *La mejor suerte de todas es la suerte*
> *de hacer algo por ti mismo.*
>
> *- Douglas Mc Arthur*

Pero una vez que detectamos que vamos hacia el lugar incorrecto, por qué es tan difícil parar y bajarnos del vagón? ¿Por qué parece tan ifícil poner fin a una relación destructiva?

Porque cuanto más difícil es poner fin a una relación que es dañina ara nosotros, más elementos de nuestra lucha infantil contiene. Cuando a pesar de estar tan incómodos en el vagón no podemos abandonarlo, es porque nos estamos enfrentando a los mismos miedos l abandono y al rechazo que padecimos cuando éramos niños. Darse or vencido, es renunciar a la gran oportunidad de encontrar alivio y ectificar lo que en nuestra infancia "hicimos mal". Porque cuanto más lifícil es una relación, más elementos inconclusos y "pendientes" con 1osotros mismos contiene.

Y porque nada se cierra sin abrirse de nuevo. Y deseamos ervorosamente abrir para cerrar para siempre ese episodio de dolor extremo, pero no podemos por más que lo repetimos con diferentes bailarines y en diferentes escenarios. Porque cada vez que una persona no educada emocionalmente intenta parar, un gran dolor se apodera de ella. La antigua sensación de vacío se apodera nuevamente de ese niño aunque ahora sea adulto. Porque cuanto más difícil es una relación, más adrenalina producen nuestras suprarrenales.

Y porque la conducta siempre habla de una necesidad. Sea esta necesidad consciente o inconsciente. Y quienes permanecen en relaciones disfuncionales necesitan un "dealer" que les dote de adrenalina. Adrenalina, eso que parece una "droga endógena" para mitigar su dolor.

Y si paran, y despiden al *dealer* (entregador de su dotación diaria, se quedan sin adrenalina. Es bien sabido que frente a una persona que nos trata bien, que no nos deja "plantados", que nos contesta el teléfono celular siempre, y que no tiene secretos (por más que le esculquemos, no tiene esa chispa, esa atracción, ese imán que nos atrae hacia esa persona. A ese tipo de personas los dejamos de inmediato, o los categorizamos en el cajón de "sólo amigos" porque no despiertan en nosotros esos latidos intensos, porque no nos hacen sentir "cosquillas en el estómago" que es a lo que las personas no educadas emocionalmente suelen llamar "amor". Porque sin crisis, no hay adrenalina.

Porque para quienes tuvimos infancias difíciles, lo que debiera hacernos sentir mal ha llegado a hacernos sentir bien y lo que debiera parecernos bueno y correcto ha llegado a parecernos sospechoso, extraño e incómodo. Una persona educada emocionalmente se convierte en un ser que no puede ser nuestra pareja. Hasta que reconozcamos cuanto nos dolió nuestra infancia y todas las pérdidas que ésta nos produjo.

Finalmente, hasta que reconozcamos que necesitamos HACER DUELO y nos eduquemos emocionalmente, y por tanto, perdonemos, no nos animaremos a estar en un escenario que jamás hemos pisado y ante un ritmo musical absolutamente desconocido por nosotros.

Pero eso nos da mucho miedo. Ya lo dice el refrán: "Más vale malo por conocido..."

El principio de la educación es predicar con el ejemplo.

- Turgot

Autodependencia es un concepto propuesto por el maestro Jorge Bucay. Tiene una relación estrecha con la autoestima, entendida como la manera en que nos vemos a nosotros mismos, cómo nos sentimos con nosotros mismos. Ambos términos tienen relación con el ejercicio de nuestra libertad de elegir.

En su extraordinario libro *"El camino de la autodependencia"* que para mí es el *parte aguas* del antes y después de todo lo escrito sobre el tema dice:

> *"Autodepender significa establecer que no soy omnipotente, que me sé vulnerable y que estoy a cargo de mí. Yo soy el director de esta orquesta, aunque no pueda tocar todos los instrumentos, tengo la batuta. Yo soy el protagonista de mi propia vida, aunque no soy el único actor de la película."*

Y continúa:

> *"Autodependencia significa contestarse las 3 preguntas esenciales básicas, y en este orden: Quién soy, Adónde voy y Con quién. Cuidado con tratar de decidir adónde voy según con quién estoy. Cuidado con definir quién soy a partir de quién me acompaña."*

Y más adelante Jorge Bucay sostiene que:

> *"Es importante empezar a darnos cuenta que nuestra relación con el mundo, con los demás en realidad es hacer cosas 'con' los otros. Y que este 'con el otro' es autónomo, que depende de nuestra libre decisión de hacerlo."*

Y él sigue con algo en lo que no coincido: que Interdepender **no** es la meta, sino ser absolutamente independientes. Que la solución es

NO DEPENDER DE NADIE. Y eso, no es posible. Porque somos seres gregarios y todos NECESITAMOS de todos.

Y es por lo que decía páginas antes que todos somos dependientes. Pero debemos elegir un tipo de dependencia:

1. Emocionalmente parasitaria (ganar-perder en un inicio y al final perder-perder).
2. Emocionalmente simbiótica (ganar-ganar o no hay trato).

Y claro que necesito a Pablo, mi esposo. PERO ELIJO QUE LO NECESITO PORQUE LO AMO, Y NO QUE LO AMO PORQUE LO NECESITO.

La interdependencia es una dependencia recíproca que solamente puede darse entre personas. Las cosas (alimento, dinero, drogas, oxígeno) no requieren de nosotros nada, no dependen de nosotros.

La interdependencia no establece una jerarquía entre las personas y hace posible la elección. **Y recuerda que si dependes, NO ELIGES.**

Según wikipedia:

> *"La interdependencia es la dinámica del ser mutuamente responsable de compartir un conjunto común de principios con otros. Este concepto difiere sustancialmente de la "dependencia", pues la relación interdependiente implica que todos los participantes sean independientes emocional, económica y/o moralmente 'independientes'."*

El bueno (o buena) por conocer

Una cosa es cierta. No existen las parejas "disparejas". Recuerda la máxima en psicoterapia de Pareja: "Para que una pareja subsista, debe estar integrada por dos personas sanas, o por dos personas enfermas".

Esto significa, como ya lo sabes, que la chancla que tú tiras, no tenía a la par una zapatilla o un mocasín Florsheim. Esto es una realidad. Y aquí empieza lo difícil. Porque es parte del inicio del camino, ese que requiere el 40% del esfuerzo total. Dejar atrás la negación. Reconocer que lo que es, es. Nos guste o no. Tan ignorante emocional él o ella, como tú.

No existe *el bueno o buena por conocer* mientras tú sigas necesitando relacionarte de una manera insana. Todos o todas te parecerán aburridos después de un tiempo. Y esto es bien real.

Así que mejor empieza a andar ya mismo el camino. Y el primer paso es este: Dejar atrás la negación.

Claudia, una ex paciente mía, hablaba de esto así:

-*"Debo reconocer que toda mi relación con Enrique –y estuvimos casados por casi 10 años- consistió en rehusarme a aceptar lo que él era y tratar de que fuera lo que yo necesitaba que él fuera. Yo estaba plenamente convencida de que seríamos mucho más plenos y felices si tan sólo me permitiera enseñarle cómo debíamos educar a nuestros dos hijos, cómo manejar su relación con su familia y sobre todo alejarse de su madre que era una mujer muy manipuladora y cómo manejarse en su oficina. Yo había continuado mis estudios y me estaba especializando naturalmente, en psicología. Mi vida estaba totalmente fuera de control, pero ya estaba yo buscando cómo controlarle la vida a otros. Cómo rescatar a los otros. Para ser honesta y justa, la verdad elegí estudiar psicología para que alguien me explicara por qué mi vida de niña y adolescente era como había sido y por qué en mi casa las cosas se hacían como se hacían. Cuando conocí a Enrique lo único que buscaba era cómo salirme de la casa de mis padres. Era obvio que yo necesitaba ayuda. Enrique era un joven no mal parecido, universitario, pero ni siquiera tenía coche. No sabía ni conducir. Yo le enseñé a hacerlo. Y su desempeño sexual, además de muy esporádico, era bastante malo. Pero yo nunca pude dejarlo. Si él no me deja, cuando me enteré de todas sus cosas raras, yo no lo hubiera dejado. Hoy le agradezco mucho que así lo haya hecho."*

Prosiguió:

- *"Una madrugada, después de que le rogué mucho por no irse de la casa me dijo: "Clau, si después de todo lo que te he hecho, aún me pides que me quede en la casa, yo alcohólico, tú psicóloga... es que estás más enferma tú que yo. Busca ayuda." Hoy la verdad, que le agradezco que me haya dejado. Porque busqué ayuda y así llegué a terapia contigo. A 13 años de que me dejó, tan sólo a los 4 meses de empezar el camino guiada por ti Gabby, estaba más convencida que nunca de que él tenía razón. Yo estaba más enferma que él. Hoy comprendo que no podría vivir con él nuevamente, no puedo vivir con el que él es en realidad. Todos los años de nuestro matrimonio, estuve esperando poder amar al hombre maravilloso en quien yo creía que Enrique se transformaría con mi ayuda. Lo único que me mantuvo esos 10 años fue mi gran ignorancia emocional, mi negación, no aceptar que nuestra relación era un banco de 40 cms. y no una mesa de 90 cms. de altura. Claro, ese banquito tenía un mantel muy lindo. Por eso no quería ni cambiarlo nunca. Ante todos parecíamos la pareja perfecta. Pero la realidad era otra. Él siempre estaba trabajando, evadiendo. Y yo siempre sola. Con los niños. Estudiando. Sin embargo, aún cuando él se fue, yo no creía tener un problema. Yo no me daba cuenta que siempre elegía personas con problemas. Que elegí profesionalizar mi dependencia. Mi necesidad de ser necesitada. Cuando mi matrimonio terminó, no me quedaba otra más que admitir que yo era el denominador común de todas mis relaciones. Sabía que yo tenía que ver en todo lo ocurrido. Que no podían ser "tantos locos" para una sola cuerda..." Pero yo era una psicóloga, y toda mi vida giraba en ayudar a otros. Ahora sé que muchas de nuestras colegas (se dirigía a mí en una sesión psicoterapéutica) tienen este mismo problema. Que evaden sus propios problemas llenándose de los problemas de la gente que atienden. La forma de relacionarme con mis propios hijos era recordarles cosas siempre, alentarlos, darles instrucciones, preocuparme por ellos y hacer todo lo que ellos no hacían. Hasta sus tareas escolares. Y esto era mi mapa, el único paradigma del amor que yo conocía. Tratar de ayudar a otros y preocuparme por ellos. No tenía la menor idea de qué era aceptar a los demás como éstos eran, tal vez porque nunca me había aceptado a mí misma.*

Pero entonces la vida (y Enrique) me hicieron un gran favor. Todo se vino abajo. Enrique se fue de casa y no me quedó más que hacerme cargo de mí misma. Ya no podía hacerme cargo de cuidar a nadie más. Tenía que aprender a cuidar de mí misma y educarme emocionalmente. Yo, psicóloga. Una de las cosas más duras que tuve que aceptar es que nadie puede dar lo que no tiene. Mi madre, ni siquiera tuvo una madre. Y Enrique no tuvo un padre, y tuvo una madre que no funcionó bien. Ahora, podía entender lo duro que debió ser para ella. Y mientras trabajaba en resolver la vida de otros, no había tiempo para enfrentarme a mis propios problemas y lo mejor, para sentir mi propio dolor.

Fue muy difícil para mi orgullo profesional, pero busqué ayuda psicológica. Busqué un grupo para trabajar mi dependencia y mi codependencia. Todos los que asistían ahí teníamos el mismo problema. Era terapia grupal como la que yo hacía profesionalmente, y allí estaba yo. Como una humilde participante. Si bien mi orgullo no la pasó bien, ese grupo me ayudó a reconocer mi profunda ignorancia emocional. Aceptar –y dejar de negar- que yo no era consciente de mis elecciones. Aceptar que era profundamente irresponsable. Aceptar que siempre me sentí como una víctima de las circunstancias. Y aceptar que yo era extremadamente manipuladora, controladora y culpígena. Y que la negación era mi principal mecanismo defensivo. Tenía mucho por aprender y muchos cambios por hacer.

Reconozco que hoy elijo todo conscientemente, que sé que no soy producto de las circunstancias, sino de mis elecciones. Que siempre puedo elegir la respuesta ante cualquier estímulo. Cosas que yo había aprendido en la Universidad, pero que no hacía. Aprendí también que **saber no es hacer**.

Estas modificaciones incluso han cambiado mi postura profesional. Hoy soy mucho más capaz de estar con los pacientes que acuden a mí en busca de ayuda. Ellos solucionan sus problemas y yo sólo les apoyo y les brindo herramientas. Ahora los acepto, y no trato de modificarlos para hacer de ellos "los que deberían de ser".

Y pasó un tiempo, hasta eso no mucho, desde que Enrique me dejó, y conocí a un hombre muy agradable. Y realmente, no había nada malo en él. Era un hombre bueno. Al principio me esforzaba por encontrarle "algo malo" pues aún no creía que yo pudiera "interesarle bien" a un hombre tan bueno como Santiago. Le preguntaba frecuentemente sobre sus relaciones pasadas, a lo que él simplemente contestaba: "Ellas no están más en mi presente. No son importantes ahora para mí." Sobre su madre, Santiago siempre me hablaba bien. Nunca mentía. Siempre contestaba el teléfono. No me dejaba plantada. Y yo seguía pensando que algo malo debería tener escondido. Era demasiado bueno. Por primera vez estaba relacionándome con "el bueno por conocer" que siempre me parecía valer menos que el malo conocido a mi lado.

Un hombre que me permitía ser yo misma. Que me aceptaba al cien.
Con todo y mis hijos. Los quería mucho y los trataba bien. Y mi vida
empezó a tener otro sentido. Un norte claro por fin. Y hoy, a casi una
década de todo esto, aún sigo viniendo alguna vez a ser staff en alguno
de los talleres que Gabby imparte. Porque nada se aprende mejor que lo
que se enseña. Así que vengo a afilar mis herramientas."

Libre, y para mi sagrado, es el derecho de pensar...
La educación es fundamental para la felicidad
social; es el principio en el que descansan la
libertad y el engrandecimiento de los pueblos.
- Benito Juárez

La historia de Claudia puede ser un extraordinario referente de que cuando se llega al lugar o al grupo terapéutico correcto, se aprenden las cosas correctas.

Y que hay una gran diferencia entre hacer las cosas correctas y sólo hacer las cosas bien.

En un grupo terapéutico dirigido por un profesional de la conducta que sabe sobre el tema de las dependencias a personas, todos trabajan para llegar a lugar correcto.

Comenzando con una meta clara: Elevar el coeficiente emocional. Desde niños asistimos a una escuela o colegio donde después 6 años de primaria, 3 de secundaria y 3 de preparatoria se nos facultó para ingresar a la facultad para dedicarnos al menos por 5 años más para licenciarnos. Esto es, para ejercer una profesión con calidad. Como consecuencia, nos llenamos de conocimientos y nuestro coeficiente mental, académico e intelectual se elevó. Este hecho nos puede ayudar mucho a llegar a ser personas de éxito. Nuestros padres deseaban que nosotros nos educáramos académicamente para poder allegarnos un nivel de vida holgado y cómodo. Para ser personas exitosas. Pero desafortunadamente, el ser personas exitosas no nos garantiza ser personas felices.

Y aunque existen muchas definiciones para ambos términos, creo que básicamente ser exitoso es tener la capacidad para tener (y obtener) lo que queremos. Una linda casa, un lindo auto, atención VIP, privilegios económicos y una vida cómoda. Mientras que ser feliz, no es "tener lo que quiero" sino *querer lo que tengo*.

Y muchos hombres y mujeres nos hemos preparado desde niños para tener lo que queremos, pero no para querer lo que tenemos. Para ser exitosos, hace falta un coeficiente intelectual o académico alto, mientras que para ser exitoso y ELEGIR lo mejor para nosotros en la vida, hace falta un coeficiente emocional alto.

Y ese coeficiente no necesariamente se eleva en el colegio. Recordemos a los chicos rebeldes del Medievo. Gracias a su rebeldía aprendían cosas que les servían siempre. Y las personas que acuden a un consultorio psicoterapéutico también.

Un hombre sin estudio es un ser incompleto.

- Simón Bolivar

La importancia de estar en el lugar correcto
para hacer (y aprender) las cosas correctas

Yo pregunto en mis talleres y conferencias: ¿Cuáles son los 10 aprendizajes más significativos que has aprendido en la vida? Te lo pregunto a ti también ahora. Haz la lista abajo:

1. _____
2. _____
3. _____
4. _____
5. _____
6. _____
7. _____
8. _____
9. _____
10. _____

Muy probablemente tu lista sea como la de tantos que acuden a mis talleres o conferencias e incluya cosas como estas: Aprender a olvidar, a soltar, a aceptar, a amar, a perdonar, a dar lo que quiero recibir, a amarme a mí mism@, a respetarme, etc. Ahora te pido nuevamente que escribas siguiendo el mismo orden de la lista anterior, ¿dónde has adquirido esos aprendizajes?

1. _____
2. _____
3. _____
4. _____
5. _____

6. _____

7. _____

8. _____

9. _____

10. _____

Es altamente probable que **muchos de esos 10 aprendizajes no los hayas aprendido en la escuela.** Como le ocurre a muchas de aquellas personas a las que les he hecho esta pregunta.

Y ojo: no estoy afirmando que ir a la escuela a adquirir conocimientos académicos no sea importante. Sólo que no nos garantiza el ser felices aunque sí incrementa nuestras probabilidades de ser exitosos.

Conozco a muchas personas exitosas que son dependientes emocionales. Como tú. Probablemente eres una persona que dirige a muchas en su profesión, con mucho poder quizá. Pero que en cuanto su relación de pareja se ve amenazada pierde todo el piso. Hace unos años una persona me dijo: "Dirijo a 300 personas en mi trabajo, pero cuando él me deja, hasta pierdo la capacidad de controlar mis esfínteres."

> *Hay estudiantes que no aprenden a distinguir*
> *lo que es importante sino hasta mucho*
> *después de haber dejado la escuela.*
> *- Thomas Sowell*

Bien. Es hora de empezar a pagar precios para salir de esto. Para no ser más un "imbécil emocional" parafraseando al maestro Bucay en "El camino del encuentro" que se refiere a que los dependientes emocionales son personas que necesitan de un bastón (báculo) para caminar.

¿A dónde vamos?

Vamos a trabajar en la causa de nuestras dependencias emocionales y no sólo en la consecuencia: Que el otro cambie. Si, trabajaremos con un mapa diferente a todo lo que se ha planteado para erradicar la codependencia y las dependencias emocionales.

No te propongo una serie de "pasos". No. La educación emocional (al igual que cualquier otro tipo de educación) no debería ser una serie de aprendizajes definitivos que condicionen a las personas sino facultarlas para de esta manera dotarlas de capacidades y habilidades y no de conocimientos estereotipados y puntuales ante circunstancias específicas. La educación no debería ser un mapa, sino una brújula. Sí. Para que aquellos que han sido educados emocionalmente se atrevan a explorar sus propios caminos con actitud abierta, alerta y reflexiva.

Esta es la garantía de un buen aprendizaje.

> *No hay mejor medida de lo que una persona es que lo que hace cuando tiene completa libertad de elegir.*
> *- William M. Bulger (1934-?)*
> *Político estadounidense*

El problema es cómo vemos el problema de las dependencias emocionales, ¿recuerdas? ¿Quién soy, qué quiero y cómo lo consigo? Las tres preguntas tienen la misma respuesta: Tus raíces.

Tus raíces (o la ausencia de las mismas) dicen quién eres. Dicen qué quieres pues determinan tus valores (basados o no en principios) y dicen qué tan preparado estás para conseguir eso que quieres y qué precios estás dispuesto a pagar por ello.

Para no repetir la forma equivocada de relacionarme con el otro, donde si él o ella no me sostienen nada lo hace, tengo que trabajar precisamente en eso, en lo que me sostiene, mis raíces. Aprender y respetar principios.

Entender el "para qué" me he relacionado con otros como lo he hecho. Para aprender. Para actuar diferente ante el mismo estímulo.

El camino de la educación emocional

En un bosque se bifurcaron dos caminos, y yo...
Yo tomé el menos transitado. Esto marcó toda la diferencia.
- Robert Lee Frost (1874-1963) Poeta estadounidense.

Todos hemos aprendido a leer y a escribir, a sumar y restar en la escuela. Y para aprender habilidades diferentes vamos a escuelas diferentes. Para aprender a nadar, vamos a una escuela de natación. ¿Y para aprender a relacionarnos bien?

IQ VS. EQ (Inteligencia Intelectual vs Inteligencia Emocional)

A diferencia de lo que la mayoría piensa, diversos estudios han demostrado por años que nuestro nivel de inteligencia académica, conocido como IQ (Coeficiente Intelectual), tiene muy poco que ver con la calidad emocional de nuestra vida.

De hecho, no pocas personas que cuentan con un IQ por arriba de 110 (el nivel de inteligencia promedio es de 90 a 110 puntos), aunque tienen la habilidad de obtener mayores ingresos y una vida cómoda, no son felices.

Para muchas personas, como cualquiera de nosotros, que nos hemos esforzado mucho y por muchos años por ser "inteligentes" debemos reconocer que hemos cometido muchos errores y algunos muy significativos en el manejo de nuestras emociones. Y esto es porque en el mejor de los casos, quien es inteligente académica e intelectualmente puede llegar a ser exitoso o exitosa, pero no necesariamente feliz. Y esto es debido a que las personas felices quizá no tengan un IQ muy elevado, pero sí un EQ (Coeficiente Emocional) elevado.

Es decir que quienes son felices han desarrollado su inteligencia emocional.

Exploremos algunas características importantes de quienes logran no sólo controlar sus emociones, sino aprovecharlas para lograr más:

I. Transforman sus errores en lecciones. Muchas personas eran dependientes emocionales empezaron a aprender de sus relaciones fallidas y reconocen que, gracias a ellas y a que buscaron ayuda pudieron levantarse, generaron una experiencia valiosa y ahora viven diferente.

II. Viven siguiendo las reglas y actúan con un sentido común que significa actuar con la brújula en la mano, siempre apuntando al norte. Y muchas de estas personas no fueron los más brillantes en la escuela. Son personas creativas y sobre todo muy inquietas. Entienden cómo es la vida y respetan sus reglas. Principios.

III. Trabajan en equipo y juegan ganar-ganar, o terminan la relación. Las personas verdaderamente felices son las que se relacionan con los demás y saben rodearse de gente como ellos mismos: de personas con alto EQ.

IV. Comienzan con un fin en mente. Saben muy bien de dónde vienen y a dónde quieren ir. Valoran su *autodependencia* como la capacidad de lograr más y de no depender de los demás para tomar sus decisiones de vida respetando principios.

V. Conocen el riesgo de no encontrar personas ganar-ganar y así lo asumen.

VI. Saben que sus relaciones son la cosecha de la forma en la que siembran relaciones. Reconocen sus limitaciones, pero también saben que son lo que son sus elecciones.

VII. Son responsables y se cargan a ellos mismos. No tratan de aparentar más de lo que son, simplemente porque no lo necesitan; saben perfectamente bien quienes son.

VIII. Viven construyendo su legado. Es decir, dejando un patrón emocional de amor inteligente en sus hijos.

Durante la mayoría de mis años de vida he escuchado con alguna frecuencia a las personas decir: "Para aprender a ser padres no hay escuela". Y por extensión, tampoco para aprender a ser hijo, ni pareja.

Pero se equivocan. Sí hay escuelas. Se llaman consultorios psicológicos. Dada la complejidad de las relaciones entre las personas, se requiere un proceso de educación en este sentido.

Y esta es mi propuesta: Crear una "Escuela de Vida". El concepto define la propuesta. Es preciso aprender herramientas para relacionarnos mejor no sólo con la pareja, sino con la vida misma.

Si existen escuelas para tantas cosas, ¿por qué no una escuela para aprender a vivir? Es obvio que muchas veces a pesar de hacer 6 años de primaria, 6 más de secundaria y preparatoria, y otra cantidad igual de años en la universidad, muchas personas graduadas no saben aún qué hacer con su profesión. A pesar de haber invertido muchas horas para aprender a ser lo que nuestra profesión hace, o debiera dedicarse a hacer. Y si a eso le añades que muchas veces es más complicado mantener una relación de pareja ganar-ganar que llevar la contabilidad de un negocio o arreglar la dentadura, esto para el caso de contadores y dentistas.

¿No te parece absurdo intentar hacerlo sin ayuda y obvio el resultado? Sólo un puñado de personas han podido entender esto. Una de ellas fue la célebre actriz francesa del siglo XVIII, Sofía Arnaud, cuando con una gran perspicacia señaló: El matrimonio es una ciencia que nadie estudia.

Creer que se puede ser un gran padre, un gran hermano o una gran pareja sin prepararnos en este sentido, nos llevará al mismo lugar de quienes lo intentaron hacerlo antes de nosotros sin prepararse. Einstein decía que no hay cosa más absurda que pretender resultados diferentes haciendo lo mismo. Confiar en nuestro Coeficiente Intelectual para ello, apelando tan sólo en valores no basados en principios, nos conducirá a resultados catastróficos. Y si dudas de esto, pregúntate a ti mismo (a): Realmente ¿cuantas veces soy la pareja que me gustaría tener?

Siempre hay "erupciones emocionales" que son la mejor manera de dañar al otro miembro de la pareja y de llenarte de culpas. Explosiones emocionales, estampidas. Sí. Que dañan al otro y a ti mismo. Todo producto de nuestro bajo coeficiente emocional.

¿Y si has asistido por años a un lugar llamado escuela a elevar tu coeficiente intelectual porqué te resistes a acudir a una terapia para elevar tu coeficiente emocional?

Pretender convertirse en una gran compañera o compañero en el difícil viaje de la vida en pareja prescindiendo de las herramientas necesarias, y de la capacitación para saber utilizarlas, sin un mapa correcto y sin brújula resulta tan absurdo como pretender ser un excelente médico sin asistir a la escuela y sin estudiar nunca medicina. De la misma forma, aspirar a ser una pareja de excelencia con sólo asistir a algunos talleres está fuera de la realidad. Los talleres son muy buenos, pero insuficientes; son el equivalente de querer llegar a ser un gran médico participando únicamente en algunos cursos intensivos de fin de semana.

Cuando estoy en mi consultorio haciendo psicoterapia con una pareja, puedo ayudarlos a resolver algunos de sus conflictos, sin embargo, estoy absolutamente convencida de que eso no es suficiente, porque no estamos trabajando en las raíces, que consisten precisamente en hacernos conscientes de que la educación en el sentido emocional es imprescindible y exige tiempo, dinero y esfuerzo como una carrera profesional.

Eso implica un gran compromiso, no sólo involucrarse en el proyecto educativo-emocional en pareja. Porque existe una gran diferencia entre estar involucrado y estar comprometido.

¿Y cuál es la diferencia entre estar involucrado y estar comprometido? Te pido que me permitas utilizar una analogía para explicarlo. Imagina un plato de huevos con jamón. Para que ese platillo exista, se requiere de 2 animales. Una gallina, quien sufre de dolor y le cuesta mucho poner un huevo, no lo niego y un cerdo, que tiene que dar su vida para que exista el jamón. Uno se involucra (la gallina), pero el otro (el cerdo) se compromete. Uno sufre de dolor pero el otro da su vida por ello. Básicamente el que está involucrado hace las cosas *cuando las circunstancias se lo permiten*, mientras que quien está comprometido hace las cosas *a pesar de las circunstancias*.

Sé que muchos de los que me leen piensan que han estado comprometidos, aún así, debo decirles, que aunque todo mundo inicia una relación comprometido, es indispensable asumir responsablemente que los conocimientos que tenemos NO ALCANZAN para ser felices en pareja, lo que es, es.

Educarse emocionalmente, se traduce en un gran compromiso que consiste en hacer crecer nuestras raíces y cosechar frutos después de un proceso terapéutico, para relacionarte de manera diferente, hace falta APRENDER COSAS DIFERENTES.

Así lograrás combatir todo aquello que ha saboteado y destruido tus relaciones amorosas. No te pido asistir 5 horas cada día, es cierto, pero sí al menos entre 90 y 180 minutos cada semana, complementado con talleres de fin de semana al menos por 2 años. Y no hay atajos. Es una ley natural. Sería tan absurdo como que yo te mande al gym para que yo baje de peso. Deben asistir ambos miembros de la pareja. Una sierra que no se afila periódicamente perderá su filo en 12 semanas, lo prometo. Y una sierra sólo sirve cuando tiene filo.

Estoy absolutamente convencida de que si alguien proclama que su relación de pareja es importantísima, o lo más importante de su vida, y no cuenta con tres horas a la semana para dedicárselas a ella y sí las tiene para ver un partido de fútbol, una telenovela o para otras cosas, algo anda mal, algo no tiene sentido. Es como querer tener una buena cosecha sin esforzarse en cultivar, barbechar, regar y desmalezar. Simplemente, es como querer ver gordo y tocar flaco. No es posible, es un principio: Siembra y cosecha.

Ahora, si hasta al auto le damos servicio periódicamente, ¿no crees que nuestra relación afectiva también merece atención? Muchas personas desean un carro de lujo o un reloj caro y están dispuestos a realizar los sacrificios necesarios para adquirirlos. Pagar los precios.

Pero desean obtener una pareja de excelencia, y la quieren gratis. En ese ámbito no están dispuestos a partirse el alma para alcanzarla.

Aquellas parejas que anhelan una casa hermosa, y se dedican a trabajar ambos y a hacer el sacrificio de su tiempo de disfrute y descanso para comprarla pero ¿por qué no quieren hacer el mismo sacrificio de tiempo, dinero y esfuerzo para mantener bien su relación?

Colocan la "escalera en la pared incorrecta". Trabajan para la casa, para que cuando han acabado de pagarla, no la puedan disfrutar, pues es demasiado tarde; su relación está acabada. Se han resentido, han hecho muchos "retiros" de la cuenta bancaria emocional.

Como yo digo: "Soltaron los pesos y agarraron los tostones". Confundieron debido a que su coeficiente emocional no era tan alto como su coeficiente emocional.

Descuidaron su capital emocional al creer que trabajando por el capital económico aseguraban el éxito de la relación de pareja. Y cuando la pareja se encuentra en grave crisis, requiere grandes remedios.

Y creen que una terapia de pareja una hora a la semana es suficiente para su cáncer. Una aspirina nunca es suficiente para un cáncer. Se requiere una cirugía mayor, costosa y dolorosa. Consecuencias.

Y entonces nos conformamos con vivir en el pseudo-confort. Porque hemos invertido nuestro esfuerzo en esta casa y ahora viviremos aquí los dos aunque tú estés resentido conmigo y yo también. Porque no te voy a dejar el fruto de tantos años de mi trabajo, y me conformo con ir a trabajar y llegar lo más tarde. O empiezo a beber para facilitarme las cosas, y aunque nuestra codependencia se exacerbe aquí nos quedamos y lo peor... les enseñamos a nuestros hijos a hacer lo mismo cuando ellos tengan una pareja.

Porque hemos confundido éxito con felicidad. Aunque el éxito en la pareja equivale a ser feliz. Y nos conformamos con tener lo que queremos, y no con conseguir querer lo que tenemos y luchar por mantenerlo bien nutrido y sano. Y SIN EMBARGO, SEGUIMOS PENSANDO QUE EL ÉXITO ES LO MÁS IMPORTANTE. Y si seguimos pensando así, seguiremos teniendo (y manteniendo) nuestras relaciones de pareja adaptándonos y sufriendo por su disfuncionalidad y haciendo que nuestros niños crean que es el modelo a seguir por ellos en el futuro.

La propuesta es educación emocional. Facultarnos, como cuando vamos a la facultad. Esto quiere decir, solo o en pareja, asistir a "Escuela de vida" al egreso de un primer taller de inteligencia emocional. Sí. Asistir semanalmente a una clase, donde la materia sea "emociones". Esta propuesta es de tipo grupal, como en la escuela, con un grupo de 20-25 personas, algunas solas, algunas con pareja, que se reunirán por un espacio de 90 a 180 minutos cada semana, cuando menos durante dos años, para incorporar en su repertorio conductual las herramientas necesarias y cómo aprender a usar una brújula de principios y valores basados en los mismos.

Estas sesiones deben ser complementadas con talleres de un fin de semana cada uno, 4 talleres, cada uno de los mismos seguido por 10 a 20 sesiones de "Escuela de Vida". Todo esto con el fin en mente de internalizar y practicar los nuevos conocimientos adquiridos.

Te recuerdo que la escuela como institución surge en el medievo, cuando los Jesuitas se dan cuenta de que a los chicos les convenía aprender los conocimientos que sólo los sacerdotes poseían hasta entonces, para mejorar su vida a esos jóvenes. Pero aunque los jesuitas sabían de los beneficios que traía consigo elevar el coeficiente intelectual, no así sus alumnos, ni los padres de éstos. Muchos de estos padres se quejaban del encierro y la disciplina a la que sus hijos tenían que someterse.

Pero una vez vieron sus beneficios, se hizo obligatorio asistir a la escuela. Y eso que al principio, no era bien aceptada ni como institución ni tampoco sus beneficios.

Espero que elijas facultarte. Y que con el cambio como consecuencia que habrá en tus relaciones puede que otros vean en ti la posibilidad de cambiar ellos mismos también, y que tu cambio sea una semilla que contribuya a que en algún tiempo en el futuro a que otros elijan facultarse a nivel emocional también.

Que se comprometan a pagar el precio por tener relaciones donde elijan y no dependan del otro, que actúen de acuerdo a principios y promuevan su educación emocional y la de sus hijos.

Ahora, espero que coincidas en que todo cambio tiene personas que se resisten aunque sea para mejorar. Y que no te preocupes por quienes te critiquen por tus cambios y critiquen también tu elección de no ser más un ignorante emocional buscando otro para relacionarte con él o ella.

Que actúes en consecuencia y busques una "escuela emocional". Creo que lograr que las personas se eduquen a nivel emocional contribuirá importantemente en la sociedad. Estoy convencida de que la Inteligencia Emocional construye sociedades inteligentes... Lo que es, ¡es!

Sé que muchas personas sobre todo los hombres dominantes que se relacionan con mujeres ignorantes emocionales se sentirán incómodos con mi propuesta, y también para muchas de ellas que prefieren "malo por conocido"". Pero todas las grandes ideas se han enfrentado a grandes obstáculos.

Los cazadores atrapan las liebres con los perros;
muchos hombres atrapan a los ignorantes con la adulación.
- Plutarco, escritor griego

Recuerdo que en la mayoría de las diferentes escuelas a las que mis hijos acudieron cuando eran pequeños y adolescentes, nos entregaban un reglamento. Desde el título se anticipaba su sentido y su contenido: "REGLAS PARA LOS ALUMNOS Y LOS PADRES DEL COLEGIO".

Todas contenían en más o en menos los siguientes puntos:

1. Respetar los horarios
2. Vestir el Uniforme
3. Respetar a los compañeros, maestros y autoridades del colegio
4. Venir limpios y con cabello recortado

Y se me ocurren varias más. Claro que estas reglas, que ni no son perfectas ni están completas, podrían servirnos en la escuela de la vida.

Y se me ocurre que así como hay maestros de natación existimos los maestros de emociones. Los maestros que así como en la escuela elevamos nuestro coeficiente intelectual o mental pueden ayudarnos a elevar nuestro coeficiente emocional. Y estos maestros sí existen, y se llaman psicólogos.

Y ellos, como los maestros de la escuela primaria, nos muestran las reglas de la vida. Y estas reglas, como ya vimos en capítulos anteriores, se llaman PRINCIPIOS.

Dar ejemplo no es la principal manera
de influir sobre los demás;
es la única manera.
- Albert Einstein

El principio del amor

Este es el principio de nuestros problemas. La forma en la que nos "educaron" a nivel emocional. Los modelos emocionales que seguimos. Y las más de las veces sabemos desde el principio que las cosas "no van bien" en la relación. Consultamos con otros, quienes nos aconsejan que no sigamos, pero seguimos sin hacerle caso a la brújula interior y siguiendo nuestro mapa incorrecto.

> *Un consejo es algo que pedimos cuando ya conocemos*
> *la respuesta pero quisiéramos no conocerla.*
>
> *- Erica Jong*

Pero el amor es un principio, no es un sentimiento, porque los sentimientos son cambiantes. El amor no es un valor. Porque no depende del lugar donde estemos, ni de convenciones. Es un principio. No cambia. Sigue la ley de la siembra y de la cosecha. Y si desde el inicio la semilla es mala, aunque pongamos el mejor esfuerzo y dedicación en el riego, en la fertilización y en todo lo que nos lleve a una buena cosecha, el fruto siempre será el de la semilla que se sembró.

En todos los casos que describí en las primeras páginas de este libro, la semilla no era buena.

RECUERDA QUE AMAR CON SENTIDO ES AMAR CON LA BRÚJULA EN LA MANO. Respetar principios. Y ninguna de las mujeres y hombres de las que te hable antes respetaron principios. Sobre todo el principio de la verdad. Darnos cuenta que esa persona no nos ama. No refugiarnos en la negación para justificarlo y decir:

-Es que Él (o ella) me ama *a su manera.*

Ese es el problema. Que no hay maneras. Y aunque muchos digan lo contrario, no existen distintas clases de amor. El amor es sólo uno.

Es un principio. Manifiesto, universal y aquellos que dicen que existen diferentes clases de amor son quienes no han aprendido a hacerlo.

Los mejores maestros para aprender esto, son nuestros hijos. El amor a un hijo es el amor verdadero y único. Todo lo demás es dependencia y miedo disfrazado de amor. De enamoramiento a veces.

De los muchos que han escrito sobre el tema el mejor concepto para quien esto escribe es el del Maestro Jorge Bucay, en *El camino del Encuentro*:

> *"El amor es concederle al otro ese espacio de libertad para que éste elija lo que más le conviene, aún y eso no me convenga o no me incluya."*

¡Saber no es hacer!

Lo que tenemos que aprender lo aprendemos haciendo.

- Aristóteles

Sí. Lamentablemente, saber no es hacer. Y muchos colegas míos y otros muchos profesionales en distintas áreas saben que lo que escribo es cierto.

Tener el mapa correcto en las manos no nos garantiza utilizarlo para llegar al lugar donde deseamos llegar. Porque es un principio. Y no hay atajos. Y esto también lo es. No hay cómo *evitar* pagar la cuota o el peaje en el camino para vivir libres. No hay atajos, nuevamente.

Y ni todos los libros de "autoayuda" te servirán si eliges saber, pero no hacer. Quien aprende pero no practica lo que aprende, entonces realmente no aprende. Y eso también es un principio.

Aquel que sabe, pero no hace, como si no supiera.

Si deseas informes acerca de
nuestros cursos, terapias y
actividades visita nuestra página:
www.vivirlibre.org

Gabriela Torres es Licenciada en Psicología, por la Universidad Nacional Autónoma de México (UNAM) Generación 1986-1990, con Cédula Profesional No. 3275699.

- Miembro del Colegio Nacional de Psicólogos (CONAPSI)
- Miembro Titular de la Sociedad Mexicana de Psicología A.C.
- Miembro del Colegio Mexicano de Profesionistas de la Psicología (CoMePPsi).
- Miembro de la Sociedad Mexicana de Psicología Clínica.

Si deseas conocer su currículo completo visita:

www.gabrielatorres.net

www.mipsicologa.mx

Made in the USA
Coppell, TX
22 January 2022

72081415R00080